· 智慧供应链创新管理系列 ·

采购与供应商管理
常用制度与表格范例

柳　荣◎著

人民邮电出版社

北京

图书在版编目（CIP）数据

采购与供应商管理常用制度与表格范例 / 柳荣著
. -- 北京：人民邮电出版社，2020.11（2024.7重印）
（智慧供应链创新管理系列）
ISBN 978-7-115-54941-9

Ⅰ. ①采… Ⅱ. ①柳… Ⅲ. ①采购管理②物资供应—
物资管理 Ⅳ. ①F252

中国版本图书馆CIP数据核字(2020)第187818号

内 容 提 要

大数据、云计算、人工智能的逐步普及与发展，以及我国企业的转型升级，使采购与供应商精细化管理的竞争成了企业竞争的主要模式，采购与供应商的优势也成了企业的核心价值。

本书从采购与供应商管理的细节出发，丰富而全面地呈现具体的管理和运营过程中需要的表格、工具。在对表格、工具进行讲解时，配以相应的模板、案例分析等，既方便读者借鉴使用，又有利于读者理解透彻、融会贯通。本书附有大量表格、图示，以丰富而贴合实际的内容展现采购与供应商管理的全过程，既便于读者理解学习，又具有较强的可借鉴性和可操作性。

本书适合采购从业人员、供应链领域管理者与一线员工阅读、使用。

◆ 著　　　　柳　荣

　　责任编辑　李士振

　　责任印制　周昇亮

◆ 人民邮电出版社出版发行　　北京市丰台区成寿寺路 11 号
　　邮编　100164　电子邮件　315@ptpress.com.cn
　　网址　https://www.ptpress.com.cn
　　北京虎彩文化传播有限公司印刷

◆ 开本：720×960　1/16

　　印张：17　　　　　　　　　　2020 年 11 月第 1 版

　　字数：242 千字　　　　　　　2024 年 7 月北京第 11 次印刷

定价：79.80 元

读者服务热线：**(010)81055296**　印装质量热线：**(010)81055316**
反盗版热线：**(010)81055315**
广告经营许可证：京东市监广登字 20170147 号

近几年，大数据、云计算、人工智能、物联网的逐步发展与普及，迫使企业必须实现转型升级，融入人工智能，构建高效供应链，以提升生产效益，赢得竞争优势。供应链的构建，也是时代、国家赋予众多企业极为紧迫的使命。

我国的大中专院校也开始逐步开设供应商管理相关专业，社会上各种供应商管理培训机构越来越多，大家都在努力普及供应商管理的理念与方法，以提升生产、工作效率。但采购与供应商管理是一个长期的过程，需要从基础做起；采购与供应商管理等关键环节的构建与实施，需要相关人员具备扎实的基本功。

企业要想顺利生产经营，进而获得资本增值，除了要建设强有力的采购团队以外，还要建立合理而规范的管理模式。通过这一模式中的实用工具和表格，企业能够对采购活动与供应商实现规范化管理，提高采购流程的效率和质量，源源不断地获取资源，实现经营目标。

因此，在实际工作中，企业要运用科学合理的方式，对采购团队与供应商进行管理，以成熟的工具和表格把握采购作业中的每个环节及其关键点，形成合理高效的管理机制。为了解决这一现实问题，特编写了本书。

本书结合企业采购与供应商管理的实际工作，参照先进、实用、具有代表性的管理工具和表格，对采购与供应商管理进行了全方位解析。为加强实用性，本书采用文字与图表相结合的形式，具体、形象地罗列出管理模式中的重要内容，有效避免了堆砌乏味枯燥的理论文字，重点为读者提供实用性强的内容。通过阅读和学习本书的内容，读者能将其中的工具和表格结合企业实际情况，运用到管理工作中，达到高效管理、轻松工作的目的。

与其他相关图书相比，本书具有以下显著的特色。

首先，本书主要采用图表解析的形式，将采购和供应商管理的内容以图表方式呈现。管理重点一目了然，使读者在短短数分钟之内能明确某个管理关键问题的解决方法，从而大大提高了从理论到实际的转化效率。

其次，书中传统的理论文字较少，图表内容则十分广泛，岗位职责、管理内容、管理流程、执行规范等一应俱全，使各项工作更加明晰地展现出来，具有更强的条理性。这既有利于读者系统地学习和思考，又便于读者在工作中利用碎片化时间查阅。

最后，本书针对性强、系统性强，同时内容直观、通俗易懂。本书不仅适合从事供应商管理、资历较浅的工作人员学习，也有助于企业管理层有效总结管理规律，形成企业的相关决策，从战略上把握采购与供应商管理的特点，使企业管理工作变得更高效。

对企业而言，采购与供应商管理的各项工作越有秩序，工作效率就越高，企业的核心竞争力也就越突出。因此，对于书中的大部分管理工具，读者可以结合实际需要，对表格内容进行直接使用或修改后使用，进而应用于对采购工作的管理，使本书发挥最大的价值。

编者

2020 年 8 月

目录

第1章 如何做好采购管理

第 2 章　如何做好采购计划和预算

第3章　采购谈判与合同管理

第4章 如何做好采购交期管理

第5章 如何做好采购质量管理

第 6 章　如何做好采购运输与库存管理

第 7 章 如何做好采购成本控制

第 8 章　如何做好采购绩效管理

第 9 章　如何做好采购组织管理

第10章 如何做好供应商管理

第 1 章

如何做好采购管理

采购是企业经济活动的基本环节。无论企业属于生产领域还是流通领域，都离不开采购活动。通过采购管理，采购可以更加高效，企业也将从中持续受益。

1.1 什么是采购管理

没有采购，企业就无法生存发展。企业必须加强采购管理，对其含义和重要性等内容深入探讨研究其内在规律，以指导采购实践。

1.1.1 采购管理的含义

采购，指由需求的经营主体，从众多备选客体中，有选择地通过订立采购合同的方式，有偿获取所需要的物资、工程或服务。其中"采"，是指有所选择；"购"，是指通过商品交易方式，将选中对象的所有权，从原所有者手中，转移到自己手中。

采购含义的主要内容，具体有以下几点。

①采购的主体通常为企业或政府部门、事业单位、社会团体等组织。

②采购的客体更多为生产资料。

③采购涉及的品种与规格繁多、金额巨大。

④采购过程复杂，从策划、实施到任务完成，需要多个环节。

⑤采购是商流、物流、信息流、资金流综合运行的过程。

⑥采购存在一定的风险，包括社会风险、自然风险和经济风险。

采购管理，指为保障企业物资供应，对所有采购活动进行的计划、组织、协调和控制等活动。采购管理不仅面向全体采购人员，也面向企业的其他部门和人员，以调动资源、满足供应，确保企业经营战略目标的实现。

1.1.2 采购管理的重要性

采购管理的重要性表现在以下方面。

1. 供应保障

稳定的物资供应是企业正常运营的基本前提条件。企业生产和服务所需要的原材料、设备和工具，需要采购。没有采购管理，就没有稳定的供应，企业将无法正常运营。

2. 质量保障

采购管理的水平能决定采购获得的原材料、设备和工具等生产资料的质量，而生产资料的质量也是企业生产合格产品或提供优质服务的前提。

3. 成本保障

成本管理是采购管理的重要内容，采购成本包括产品购买成本、物流费用、仓储费用、流动资金暂用费用以及管理费用等。优质的采购管理，能降低采购成本，提高企业经济效益。反之，则会降低企业经济效益，甚至造成亏损。

4. 关系节点

采购管理将企业与供应商联结起来，通过采购部门与供应商的业务接触和交流，形成关系节点，进而以企业为中心，并与其他组织协同，形成相互支持和配合的链条关系。

5. 信息接口

采购管理离不开对采购信息的管理。企业通过采购部门获得充分的市场信息，建立市场信息接口，并及时将市场信息提供给企业管理层，作为管理决策的参考。

6. 科学管理

企业的物资供应直接与生产相联系。物资供应情况会在很大程度上影响生产进程。如果采购管理能提供科学的供应方式，企业必然会对生产、物料搬运等的方式做出相应变动，进而与采购管理提供的供应方式共同构成科学管理模式。

1.2 采购管理的基本职能与控制要点

为实现采购管理的基本职能,采购管理需要有一系列的业务内容和控制要点。其基本职能与控制要点如下。

1.2.1 采购管理的基本职能

采购管理的基本职能包括计划、组织、领导和控制。履行好这 4 项基本职能,是做好采购管理工作的切入点。

1. 计划

计划是采购管理最基本的职能。采购计划是对采购活动做出具体细致的安排和规划,包括采购工作的目标、进度、费用、质量管理等。为做好采购管理,必须编制合理有效的采购计划。

2. 组织

组织职能要求企业对采购相关活动进行合理分工,各部门协作,合理配备和使用企业资源。其中包括建立合理的组织机构,确定各部门职责范围,建立规范化的工作秩序,选派适合岗位要求的人员参与采购,按采购管理的各项职责规定有效组织相关活动。

3. 领导

采购管理过程中,各层次管理者应肩负领导职能,主要包括指挥、激励和协调 3 个方面。

采购管理者应运用科学的方法,帮助员工认清市场环境和采购形势,指明采购目标和达成采购目标的方法、途径。

采购管理者应正确对员工实施各种激励措施,使员工自觉贡献力量,朝共同目标前进。

采购管理者还应使采购部门与供应商和企业其他部门互相配合、减少分歧,排除影响目标实现的内外因素。领导职能贯穿采购管理工作全过程,是做好采购管理工作的重要环节。

4. 控制

控制职能是采购管理中较关键的职能，其目的在于通过纠偏、矫正等行为实现项目采购管理目标。控制职能实施的过程包括确定目标、衡量绩效和纠正偏差，其整体控制目标和采购目标是一致的，并因此成为采购管理工作的核心。

1.2.2 采购管理的控制要点

采购管理的控制要点如下。

1. 采购计划

采购计划的控制要点在于确保采购计划的合理性。该合理性包括采购计划与企业战略发展目标相协调，结合库存、交货和提供服务的时间要求，符合企业客户的要求等。

2. 采购预算

合理、科学地编制年度采购预算是采购准备的基础。采购预算是将企业未来一定期间内经营的目标通过数据系统地反映出来，是对经营决策的具体化和数量化。企业应在全面清查各类财产货物情况的基础上编制年度采购预算，提出明确采购需求，包括采购货物的名称、采购金额、采购时限、资金来源等。

3. 请购和审批

形成采购预算和采购计划后，在实施具体采购行为之前，应经过请购和审批程序，即相关部门或人员依据职责权限进行采购申请和审批。

这一环节的控制要点在于建立并执行请购制度，确保请购被适当审批，不要越权审批。

4. 采购执行

采购执行是指按照法定采购方式与相应程序进行采购，即按照公平、公正和竞争原则，择优确定供应商，以最高性价比对采购价格予以确定，并依法签订采购合同。

该环节的控制要点在于按照法定要求选择采购方式、确定采购渠道。具体包括确保采购定价机制的科学性、定价方式的恰当性，经过授权对外订立采购合同，确保合同内容不存在重大疏漏或欺诈问题，有效跟踪采购合同履行情况等。

5. 验收

验收是指验收部门或专人根据验收制度和采购文件，对采购物资进行数量与质量的核对，并出具验收证明。

该环节的控制要点为明确验收标准，确保验收程序的规范性，对验收中存在的异常情况进行处理。

6. 付款

财会部门对采购预算、采购合同、单据、审批程序进行审核，按采购合同办理款项支付并进行账务处理。

该环节的控制要点包括严格审查采购发票等票据情况，完善付款程序，确定恰当的付款方式，有效预付账款，进行定金的配套管理。

1.3　采购管理的标准化与制度化

采购是企业生产、服务的开始，也是利润的源泉。通过对采购管理进行标准化与制度化的建设，采购流程将更为高效。

1.3.1　采购管理规范化的重要性

采购管理标准化与制度化建设的共同目的为推进采购管理规范化，其重要性体现如下。

1. 更好平衡利益

采购是企业为满足特定需要而发生的外部购买行为。在此过程中，企业、供应商和客户之间的利益关系并不完全一致，只有规范采购管理，企业才能在不断变动的利益关系中确定自身位置，并激励供应商、满足客户需求，实现三者的利益平衡。

2. 约束领导权力

传统采购环节中，容易出现权力集中现象。采购管理部门形同虚设，采购活动失去监控，权力集中于少数领导手中。其具体表现为采购无计划、论证与审核不到位、缺乏市场调研分析、招标不规范甚至不招标、签约时不认真执行相关法规、事后监控不力等。

建立规范的企业内部管理体制，能确定采购人员的权利和义务，有效控制采购决策权，形成企业内部权力制衡机制。

3. 有效监督员工

对采购管理进行规范化和制度化后，企业管理者也能对采购人员进行监督，并推动采购人员之间的互相监督，以此形成预防为本、制约到位的监督保障机制。

1.3.2　采购管理如何标准化

采购管理标准化，是企业标准化工作的重要组成部分，是企业加快技术进步、加强科学管理的重要手段，也是提升企业管理水平与运行效率、防范经营风险的重要举措。其具体推进步骤如下。

1. 健全组织体系

成立采购管理标准化领导小组，逐步形成标准化采购管理工作机制，增强相关人员对采购标准化工作重要性的认识，从组织上保证采购管理标准化工作的正常开展。

2. 完善采购管理制度

坚持以精细化管理为标准，理顺业务职能，优化资源配置，对现行制度、流程中不合理、不科学的内容进行修改、完善，确保采购制度和采购流程得到优化，使修改、完善后的制度和流程具有先进性、科学性和可操作性。

3. 加强供应商管理

（1）严格执行供应商准入流程，使供应商的入围科学化、严谨化，保证采购物资的最高性价比。

（2）由业务部门建立供应商档案，档案内容包括供应商的各种有效资质证明材料、供应商分类评价表、有关供应商的审核报告等，实行严格的标准化日常管理。

（3）遵照公开、公平、公正的原则，严格按照供应商评价及管理办法，对供应商进行业绩评价，并定期对评价标准修订和完善，确保供应商业绩评价标准的科学性、有效性。

（4）建立健全物资统计台账，实现标准化管理。完善评价机制，及时更新物资消耗情况，为提高采购物资性价比做好数据统计分析工作。

4. 建立修订与更新机制

企业应建立采购管理标准化的修订与更新机制，将采购管理标准化作为长期系统工程进行推进，确保采购管理标准化能与时俱进地持续发展。

1.3.3　采购管理如何制度化

制定健全、适用的采购管理制度，既能使企业内各项采购作业标准化、规范化，也能提高各项采购作业的效率，确保采购工作品质良好，提升采购人员的工作积极性。

采购管理的制度化进程，包括以下重点。

1. 规定采购条件

明确采购管理者和采购部门员工在供应商选择，物品质量、需求与满足采购要求等方面所负的责任，明确采购管理者对员工的工作过程和结果所负的责任。同时，要求采购物品是必需而不可或缺的，采购数应适量，采购价格应适中。在相同条件下采购物品，应在正与企业发生业务或已确认的供应商处购买。变更或选择新供应商，应将理由及有关事项告知相关部门。

2. 明确分工

将企业的所有采购活动按类别进行明确分工和落实。对企业下属各个生产部门、业务部门等诸多采购节点和岗位进行分工，明确员工权利和责任，使各采购活动的责任能有条不紊地落实到人。

3. 权限划分

对所有采购报价、合同办理，应规定先批准后实行，以禁止未经批准的采购事宜。同时，就特殊情况，如工作中的机械突然损坏、临时的特殊采购任务等，做出特殊制度规定。

4. 验收职能

规定物品购入后的验收手续，并指定由财务部门或主管部门确认。确认人员应核实购入物品与订货单上的物品是否相符，并对验收物品的品种、规格、数量和质量等的相符性负责。

5. 退货与索赔

将退货与索赔事项形成书面制度。例如当采购回厂的物品出现质量、规格不符的情况时，采购部门应承担退货责任，并立即书面通知财务部门及时扣回相应款项。如果采购部门无法独立解决，应将企业可以采用的措施列入制度，及时保护企业利益。

6. 货款结付制度

货款结付制度规定所有采购的结付款方式，除特殊情况外，通常采用月结。利用制度禁止采购人员直接办理现金支付事宜。

7. 采购环境管理

采购环境管理主要包括材料价格信息档案管理制度、供应商档案管理制度、采购人员的考核激励和约束制度、采购方式的选择制度等。

8. 采购日常控制

采购日常控制主要包括建立事前批准、结算和采购管理制度等。

1.4　如何做好采购制度与表格的设计

采购制度与表格的设计，是围绕降低成本和风险进行的管理工作，也是企业采购管理的基础控制环节。

1.4.1　采购管理制度的设计要点

完善的采购管理制度能规范采购人员行为，规范采购作业流程，从整体上约束采购活动。

一般而言，采购管理制度的设计要点如表 1.4-1 所示。

表 1.4-1　采购管理制度的设计要点

序号	类别	内容
1	采购控制程序	使采购工作有所遵循，采购人员完成采购职能，其内容包括各部门、有关人员的职责，采购程序要点，采购流程图及采购管理的相关文件、相关表格等
2	采购规范	将所采购物资规格详细记录，形成采购人员要求供应商遵守的规范。采购规范具体包括商标、商号、蓝图、规格表、化学分析、物理特性、材料明细表、制造方法、用途及使用说明、标准规格及样品等
3	采购管理办法	对企业采购流程各个作业步骤进行详细说明
4	采购作业规定	有关采购作业的信息收集、询价采购、比价采购、议价采购步骤、对供应商的评估和样品索取、选择供应商、签订采购合同、请购、订购、与供应商协调沟通及催交、进货验收、整理付款等的规定

（续表）

序号	类别	内容
5	采购作业指导书	对各项采购作业进行指导的文件
6	验收管理办法	明确进料验收标准、要求和作业程序，使采购物资的验收以及入库作业有明确依据
7	采购争端解决规定	包括解决采购争端的要求、常见方法等

1.4.2 采购管理制度的设计步骤

采购管理制度的制定，由采购部门管理者与其他相关部门管理者组成编制小组完成。这一过程要经过多次循环，包括相关部门修订、讨论，并上报审批和颁布执行。

采购管理制度的设计步骤如表 1.4-2 所示。

表 1.4-2　采购管理制度的设计步骤

序号	步骤	内容
1	组建编制小组	采购管理制度编制小组，包括企业主管领导、采购部门管理者以及财务、生产、销售、客服等部门的管理者。必要时可邀请相关采购专家、法律顾问和重要的供应商代表加入
2	收集资料	广泛收集相关资料，包括国家法律法规政策、同行业现有政策制度，也应收集企业内部相关资料，尤其包括现行采购管理资料
3	列出制度编写清单	在整理、分析所收集资料的基础上，结合企业现状以及未来发展目标，列出制度编写清单。制度编写清单包括制度名称、适用范围、基本内容、编写分工及时间要求等
4	分工草拟采购管理制度	按照分工及时间要求，草拟采购管理制度。组织企业内各部门对草拟的采购管理制度进行讨论、修改，直到对各方面达成共识
5	制定正式采购管理制度	企业决策层和各部门领导，对采购管理制度草案进行最后审查、修订
6	采购管理制度的颁布和执行	按一定企业内部流程，以公文或者其他形式颁布执行
7	采购管理制度的修订	随着产业政策变化、企业生产资料供需变化、企业战略目标变化，执行过程出现的问题等，不断对采购管理制度进行评估和修订

1.4.3 采购管理制度模板

×××××公司采购管理制度

1. 目的

为加强采购计划管理，规范采购工作，保障企业生产经营活动所需物品的正常持续供应，降低采购成本，特制定本制度。

2. 适用范围

本制度适用于公司对外采购与生产经营有关的经营性固定资产、材料及非经营性固定资产、办公用品、劳保用品。

3. 职责权限

（1）总经理负责采购管理制度的审批。

（2）分管副总、财务总监负责采购管理制度的审核。

（3）采购管理制度编制小组负责采购管理制度的制定。

（4）经营性固定资产、材料、配件等物品（物资）的采购由企管部门负责。非经营性固定资产、办公用品、劳保用品的采购由人力资源部门负责。

4. 采购原则

（1）询价比价原则。

采购物品时必须有3家以上供应商提供报价，在权衡质量、价格、交货时间、售后服务、资信、客户群等因素的基础上进行综合评估，并与供应商进一步议定最终价格，临时性应急购买除外。

（2）一致性原则。

采购人员定购的物品必须与请购单所列要求、规格、型号、数量一致。在市场条件不能满足需求部门要求或成本过高的情况下，采购人员须及时反馈信息供需求部门更改请购单。如确因特定条件数量不能完全与请购单一致，经审核后，差值不得超过请购量的 5% ~ 10%。

（3）低价搜索原则。

采购人员需随时搜集市场价格信息，建立供应商信息档案库，了解市场最新动态及物品最低价格，实现最优化采购。

（4）廉洁原则。

①自觉维护公司利益，努力提高采购物品质量，降低采购成本。

②廉洁自律，不收礼，不接受吃请，更不能向供应商"伸手"。

③严格按采购制度和程序办事，自觉接受监督。

④加强学习，广泛掌握与采购业务相关的新材料、新工艺、新设备及市场信息。

⑤工作认真仔细，不出差错，不因自身工作失误给企业造成损失。

（5）招标采购原则。

凡大宗商品或经常使用的物品，都应通过询议价或招标的形式，由企管部门、财务部门等相关部门共同参与，定出一段时间内（一年或半年）的供应商、物品价格，与供应商签订供货协议，以简化采购程序，提高工作效率。对于价格随市场变化较快的物品，除缩短招标间隔时限外，还应随时掌握市场行情，调整采购价格。

（6）审计监督原则。

采购人员要自觉接受财务部门或公司领导对采购活动的监督和质询。对采购人员在采购过程中发生的违反廉洁原则的行为，公司有权对相关人员依照企业员工奖惩制度等对其进行处罚或追究其法律责任。

5. 采购流程

（1）采购申请。

物品需求部门根据生产或经营的实际需要，在企管部门采购物品前（每月 25 日前）和人力资源部门采购物品前（每季度最后一个月 25 日前）提出采购申请，填写请购单，要求在请购单中注明所需物品的名称、规格、型号、数量、需求日期、参考价格、用途等，若涉及技术指标的，须注明相关参数、指标要求。按采购申请流程，由各相关部门审批，总经理批准后交采购部门采购。在各审核环节对采购申请提出异议者，应于2个工作日内将意见反馈给需求部门。

（2）询价、比价、议价。

①原则上每一种物品需3家以上的供应商进行报价。

②采购人员接到报价单后，需进行比价、议价，并填写询价记录表，按低价搜索原则进行采购。

③属这些情况的，无须进行比价、议价：独家代理、独家制造、专卖品、原厂零配件无替代品，但仍需留下报价记录。

（3）样品提供和确认。

①若需进行样品提供和确认，则需确定送样周期，由采购人员负责追踪，收到样品后，应第一时间送交需求部门进行确认，必要时需会同财务部门等部门相关人员予以确认。

②若需保存样品，则需做封样处理，以便日后做收货比较。

（4）供应商选择。

①合法经营主体者。

②品质、交货时间、价格、服务等条件良好者。

③信誉良好者。

④客户认可的供应商。

采购人员应建立供应商信息台账。

（5）合同签订。

①样品审查合格后，由采购部门与选定的供应商签订合同。

②发生交易争执时，依据合同的核定条款进行处理。

（6）进度跟催。

①为确保准时交货，采购人员应提前采用电话、传真的方式或亲自到供应商处跟催，以确保物品能适时供应。

②若供应商无法在预定时间内交货，采购人员应提前通知需求部门，寻求解决办法，并重新和供应商确定交货时间，然后知会需求部门。

（7）验收入库。

采购物品到公司后，属经营性固定资产、材料、配件等物品，非经营性固定资产、大宗劳保用品等经需求部门或验收部门验收，办公用品等常用品经库管验收，验收合格后，验收人员开具入库单，按流程办理入库手续。如验收不合格，由验收部门通知采购部门，2 日内办理换（退）货手续。

（8）对账付款。

为采购物品办理入库后，由采购人员凭入库单按合同或约定的付款方式办理付款手续。

6. 考核

凡违反本制度的人员，依照公司相关管理制度进行处罚。

7. 解释权

本制度解释权归人力资源行政部门，自公布之日起执行。

8. 附件

（1）×××××请购单

（2）×××××询价记录表

×××××××× 集团有限公司

×××× 年 ×× 月 ×× 日

第 2 章

如何做好采购计划和预算

合理的采购计划和预算，能确保企业的采购管理顺利进行。为此，企业必须做好采购计划和预算。

2.1　采购计划管理制度

为编制合理的采购计划，加强对采购计划的管理，确保企业的生产经营活动顺利进行，应制定科学的采购计划管理制度。

2.1.1　采购计划管理制度的设计要点

采购计划管理制度的设计要点如下。

①制定采购计划管理制度时，应充分考虑企业经营计划、物品需求部门的采购申请、年度采购预算、库存情况、企业资金供应情况等相关因素。

②考虑采购计划的种类，结合年度、月度、日采购计划的特点分别设置不同制度条文加以约束。

③明确采购计划的制定部门（通常为采购部门），采购部门根据审批后的请购单制定采购计划。明确批准领导，通常日采购计划由采购经理批准执行，月度采购计划由公司副总批准执行，年度采购计划由公司总经理审批。

④明确审核流程，采购计划应同时报送财务部门审核，以利于企业资金安排。

⑤明确采购计划专员责任，如先审查各部门申请的采购物品是否能由现有库存物品满足或有无可替代物品等。

⑥应规定不能采购未列入采购计划的物品。同时规定对于已申请的采购物品，如发生规格、数量变更时，必须先由业务部门通知采购部门，以便采购部门及时根据实际情况更改采购计划。

2.1.2　采购计划管理制度模板

××××××公司采购计划管理制度

第1章　总则

第1条　目的。

为规范公司采购计划的管理，确保编制好的物料采购计划能满足生产需要并且保证库存物料数量的经济合理，特制定本制度。

第2条　适用范围。

本制度适合公司采购部门在编制采购计划、采购预算时使用。

第3条　采购计划管理的原则。

（1）与公司经营目标一致原则。

（2）满足生产经营需要原则。

（3）经济合理性原则。

第2章　管理部门及部门职责

第4条　销售部门负责提供已预定的销售订单清单、销售计划和销售预测。

第5条　生产部门负责提供不同阶段的生产计划及生产物料需求清单，并注明各种物料的需求日期。

第6条　仓储部门负责提供仓储物料的存量报表及各种物料的库存报表。

第7条　采购部门作为物料采购计划的管理部门，负责物料采购计划的编制、采购预算的编制、供应商的认证、采购计划的执行及采购计划的其他管理事宜。

第8条　财务部门负责提供上期或上年度的物料单价，下年度汇率、利率等预算基准，并负责采购部门所编制的采购预算及采购费用支出的审核。

第3章　采购计划编制要求

第9条　采购计划的编制依据主要包括以下7项内容。

（1）销售计划。

（2）生产计划。

（3）其余各部门的物料需求计划。

（4）物料库存报表。

（5）物料的供应商及市场状况。

（6）采购计划的历史数据及上期执行情况。

（7）公司资金供应能力及采购预算。

第 10 条　采购计划的编制原则。

（1）量力而行原则。对于编制的采购计划，要严格按照采购预算执行，编制采购计划时要考虑到公司的及时支付能力。

（2）适度超前原则。编制采购计划时要充分考虑物料的先进性，考虑公司对物料的现实需求与前瞻需求，在公司财力允许的情况下，适度提高采购物料的数量与质量。

（3）成本经济原则。编制采购计划时充分考虑采购物料成本与其后续成本，按照降低采购成本的总要求，合理地确定物料的规格、型号等具体的技术参数。

（4）物料分类原则。编制采购计划时需要将采购的物料按照需求程度分为不同的等级，对重点物料或急需物料要优先安排采购。

（5）提高采购整体效益原则。

①对采购价格容易随季节变化的物料，编制采购计划时应安排在其价格较低时对其进行采购。

②对相近或相同的采购物料，编制采购计划时尽量安排一次性采购。

③对经过认证能满足公司需求的供应商，编制采购计划时尽量将不同的物料安排在一个供应商名下进行集中采购。

（6）落实采购预算原则。采购预算规定的范围和项目必须列入采购账户，采购物料的数量和资金来源必须与采购计划中的相对应。

第 11 条　采购计划的内容。

（1）采购物料的数量、技术规格、参数及要求。

（2）采购物料的价格及供应商。

（3）采购物料在生产中的投入使用阶段。

（4）对采购的全部物料划分模块的标准及每个模块下包含的项目。

（5）编制每个采购模块在采购各个阶段中的时间表，并根据每个模块的采购时间表确定全部物料采购的时间表。

（6）签订采购协议时所用的合同类型。

（7）整个采购工作的协调管理工作。

第 12 条　销售部门及生产部门应在每年 12 月 25 日前或每月 27 日前将下年度或下月度的销售计划、销售预测、生产计划、生产物料需求清单报送采购部门，方便采购部门编制采购计划及采购预算。其他部门的物料需求计划按照生产部门计划的报送转交时间统一报告给采购部门。

第 13 条　采购部门在收齐所有的物料需求信息后，应根据公司的行业特点、实际工作需要及公司目前的物料配置，认真分析物料的需求情况，并结合公司的财务状况对物料的需求计划采取必要的调整措施。

第 14 条　采购部门编制采购计划之前必须根据收集、整理的资料编制采购预算，采购计划的编制要严格控制在采购预算的范围内。

第 15 条　采购部门制定出的采购计划草案应征求相关部门的意见，相关部门根据工作实际情况分析采购计划的可行性并提出建议或意见。

第 16 条　采购计划中每种物料的供应商必须经过公司的认证，对于没有经过认证的供应商的处理如下。

（1）在物料上必须注明供应商未经公司认证，提供不少于两家的备选供应商。

（2）编制出详细的供应商认证计划及进度安排，作为采购计划的附件一并报主管副总及总经理审核，但此项事宜不得影响物料的按时供应。

第4章 采购预算的编制

第17条 公司的采购预算必须与公司整体的预算相吻合，不能独立于整体预算之外。

第18条 采购计划中的采购预算主要以公司进行生产和经营维修所需的原材料、零部件、备件等为主，对于生产设备和工程材料则需另行编制单项采购预算，其不在计划期间的采购预算中。

第19条 编制采购预算的目的。

（1）采购部门凭采购预算进行采购和控制采购费用支出。

（2）方便财务部门据此筹措和安排采购所需的资金，保证资金支付的准确性与及时性。

第20条 采购预算的编制依据。

（1）计划期间生产所需的物料数量。

（2）预计的物料在期末的库存量。

（3）本期计划期末结转库存量。期末结转库存量由仓储部门和采购部门根据各种物料的安全储备量和提前采购期进行确认。

（4）物料计划价格。物料计划价格由采购部门根据物料的当前价格，结合可能影响物料价格变化的因素确定。

第21条 在编制采购预算时要充分考虑影响采购预算的因素，其具体内容包括以下6个方面。

（1）采购环境。

（2）销售计划。

（3）用料清单。

（4）存量管制卡。

（5）物料标准成本的设定。

（6）公司的生产效率。

第22条 采购部门要根据物料采购的具体内容，选择合适的采购预算编制方法。采购预算编制方法包括固定预算、弹性预算、滚动预算、增量预算、零基预算、定期预算等。

第23条　采购部门应采用目标数据与历史数据相结合的方法确定预算数，并据此编制采购预算草案，递交财务部门进行审核。

第24条　采购部门应与财务部门协商，在充分考虑公司的现实状况、市场状况和公司整体预算的基础上，对采购预算草案进行综合平衡。

第25条　采购部门应根据平衡过的采购预算草案编制正式的采购预算，并报主管副总与总经理审批。

第26条　在编制的采购预算中，采购部门必须对预算留有适当的余地，以应付可能出现的紧急采购状况。

第5章　附则

第27条　本制度由采购部门制定，其解释权、修改权归采购部门所有。

第28条　本规定经总经理办公会议审议后，自下发之日起执行。

2.1.3　采购计划方案的设计步骤

采购计划方案的设计步骤如下。

1. 市场调查与分析

在编制采购计划方案前，要进行广泛的市场调查和市场分析，以便企业掌握有关采购的最新行情，了解采购物品的来源、价格，物品的性能参数以及可靠性等，提出切实可行的采购计划。

2. 明确采购计划编制原则

编制采购计划时应遵守保证重点、兼顾一般、综合平衡、全面安排的原则，确保企业能按要求、有计划地组织实施。

3. 明确采购计划编制内容

采购计划编制的内容涉及以下方面。

（1）采购项目名称、规格、型号、数量。

（2）采购项目产地、厂家、国别等。

（3）采购渠道和方式。

（4）要求完成采购的时间。

（5）采购各项目预计的经费。

4. 准备采购计划编制工具

（1）自制和外购分析。该分析主要用于判断某种物品由企业执行组织生产是否成本更低。

（2）专家意见。在采购计划的编制工具和方法中，专家意见可以用于评估管理决策。因此，在编制采购计划方案时，应考虑接受具有专业知识、来自各种渠道的团体和个人的意见，包括企业内外的顾问、专业技术团体等的意见。

（3）选择合同。针对不同类型的采购，预先设计不同特点的合同，包括固定价格合同、成本补偿合同、单价合同等。

2.1.4　采购计划方案模板

×××公司采购计划方案

1. 目的

为规范采购计划的执行作业，提高采购管理水平，有效降低采购成本，满足生产经营需求，结合本公司的实际情况，特制定本方案。

2. 适用范围

本方案适用于本公司采购计划的执行与控制。

3. 岗位职责

（1）总经理、采购总监负责采购计划的审批。

（2）采购部门负责编制采购计划、选择采购方式，并组织实施采购工作。

（3）财务部门负责对采购计划的预算进行审核。

（4）各相关部门配合采购部门执行采购计划，并提供所需资料。

4. 采购计划的制定

（1）采购经理、采购总监参与生产计划的制定和变动调整工作，形成物品需求计划。

（2）采购计划专员每月根据各物品需求部门提交的采购计划调整申请。

（3）采购计划专员根据历史交易价格和供应商信息库在采购计划上填写价格信息和预计到货日，之后提交正式的采购计划。

5. 采购计划的审批

（1）采购计划经采购经理审核确认后，提交采购总监审批。

（2）对于预算内的采购计划，经采购经理审核后，交财务部门进行采购预算的审核并划拨相应款项，由采购部门实施采购。

（3）对于超出预算的采购计划，采购经理应将其提交总经理进行审批，审批后送财务部门进行核准。

6. 采购计划的变更

（1）采购计划变更条件。

当出现以下情况之一时，相关部门人员可以提出采购增补要求。

A. 相关部门出现临时订单。

B. 不可预期的设备损坏。

C. 生产、经营的临时需求。

D. 采购计划执行完毕后，又接到预警单。

E. 其他突发情况。

需求部门提交采购计划变更申请表。

（2）采购计划更改的申请与审批。

需求部门相关人员根据需要编制采购计划变更申请表。

①需求部门经理根据实际需求审批本部门的采购计划变更审批表。

②需求部门经理同意采购计划外采购申请后，物品需求部门应准备必要

的说明和支持文件。

③将采购计划变更申请表及必要的说明和支持文件提交给采购部门的人员，由采购计划专员制定采购增补计划方案，并提交采购总监审批。

④采购总监审核确认后，交总经理、财务经理进行审批，批准后，采购增补计划生效。

7. 采购方式选择

采购部门应根据采购物品的使用状况、需求数量、采购频率、价格等选择最佳的采购方式，具体的采购方式及适用条件如表 2.1-1 所示。

表 2.1-1　采购方式及适用条件

采购方式	具体说明	适用条件
谈判采购	通过谈判，就采购物品质量、数量、价格水平、运输条件、结算方式等项目达成一致，并确定采购合同的形式	适用于生产过程中不可或缺、价格稳定的物品的采购
询价采购	向不少于 3 家供应商发询价单，选择供应商	适用于小金额、标准物品的采购
招标采购	以公开招标的方式进行供应商选择，并签订采购合同	适用于金额较大的、成套设备或工程的采购
直接采购	直接向指定供应商发送订单进行采购	适用于配套续购或具有特殊条件的关键部件的采购

8. 采购计划执行要求

（1）采购对象要求。采购前必须对供应商提供的物品质量、性能、报价、交货时间、售后服务等做出评价，以供选择时参考。

（2）价格质量要求。以合适的价格购买较高质量的物品。

（3）采购期限要求。按照需求部门的需求日期及需求数量，联系供应商，让其及时供应。

9. 采购计划执行评价与改进

采购计划执行结束后，由采购经理负责组织相关人员对采购计划的执行情况进行评价与改进，具体操作如下。

（1）采购计划主管对采购计划执行工作进行总结，并提交采购经理审核。

（2）采购经理通过对采购计划工作总结的分析研究，结合对采购过程的监督和检查情况，并参考总经理和其他相关部门的意见，对采购计划的执行情况做出评价。

2.2 采购预算管理

采购预算是指采购部门在一定计划期间（年度、季度或月度）编制的材料采购用款计划。对采购预算进行合理控制，能保障企业战略计划顺利执行。

2.2.1 采购预算的编制要点

采购预算是采购部门针对企业年度销售预测，对需求物品等的数量按成本进行的估计。如果单独编制采购预算，采购预算不仅会缺乏实际应用价值，也不容易得到其他部门的配合。因此，编制采购预算时必须抓住要点，考虑企业运营的各个方面。

采购预算编制要点如表 2.2-1 所示。

表 2.2-1 采购预算的编制要点

序号	内容	要点
1	生产部门预算的每季度生产的产品	进行广泛市场调研，搜集预测信息和基础资料
2	单位产品的材料消耗定额	制定切实可行的编制和计算程序
3	计划期间的期末、期初存量	确立恰当的假定因素，便于开展编制工作
4	材料的计划单价	对每个项目的价格预算尽量做到具体化、数量化
5	采购材料的付款条件	广泛参与，让尽可能多的部门和员工参与到采购材料付款条件的制定中

2.2.2　采购预算的编制流程

编制采购预算，应从采购目标审查开始，通常包含以下步骤。

①审查企业以及部门的战略目标。从企业总的发展目标出发，审查部门和企业目标，确保两者之间相互协调。

②制定明确的工作计划。采购计划主管应了解本部门业务活动，明确其特性和范围，制定详细的工作计划表。

③确定所需资源。采购计划主管对业务支出做切合实际的估计，确定为实现目标所需要的人力、物力和财力资源。

④确定较准确的预算数。可将目标与历史数据相结合，对预算数进行确定。对历史数据的分析，可采用趋势分析法、线性规划、回归分析等方法，找出适用于本企业的数学模型。

⑤汇总编制总预算。对各部门采购预算草案进行审核、归集、调整，汇总编制采购总预算。

⑥修改预算。由于预算总是或多或少与实际情况有所差异，必须根据实际情况设置偏差范围，并予以及时调整。

⑦提交预算。将编制好的预算提交企业管理者批准。

2.2.3 采购预算管理表

采购预算管理表如表 2.2-2 所示。

表 2.2-2 采购预算管理表

采购预算管理表

部门：						时间：	
序号	采购项目名称	规格型号及技术参数	计量单位	数量	预计单价	采购类型及金额（元） 物品金额(元)	备注（追加理由及依据）
1							
2							
3							
4							
5							
合计							

主管部门意见（签字盖章）：	财务部门意见（签字盖章）：
总经理意见（签字盖章）：	编制人：

2.2.4 采购预算编制方案模板

××××××公司采购预算编制方案

1. 方案规划

（1）采购预算的定义。

采购预算是指采购部门在一定计划期间（年度、季度或月度）编制的材料采购用款计划。

（2）编制采购预算的目的。

采购部门编制采购预算主要有 3 个目的。

①采购部门可以凭采购预算进行采购和控制采购费用支出。

②方便财务部门据此筹措和安排所需资金，保证资金需求计划的正确性。

③通过采购预算采购部门可以协调与财务部门之间的关系。

2. 采购预算编制的内容

列入采购预算的各种材料的采购数量和金额，以公司进行生产和经营维修所需的原材料、零部件、备件等的采购数量和金额为主。对于设备更新和基本建设所需的机器设备和工程材料，则应另编制单项采购预算，其不在计划期间的采购预算内。

3. 采购预算编制的依据

（1）计划期间生产和经营维修所需材料的计划需求数量。

由生产部门在销售计划的基础上根据所编制的生产计划，以及前期材料消耗资料和用料清单计算确定。

（2）预计本期期末库存量。

本期期末库存量，由编制预算之日至本期期末这一期间的预计收入量，减去同期预计发出量确定。预计本期期末库存量即为计划期期初库存量。

（3）计划期期末结转库存量。

计划期期末结转库存量由仓储部门和采购部门根据各种材料的安全储备量和提前采购期共同确定。

（4）材料计划价格。

材料计划价格由采购部门根据材料的当前市场价格，以及其他各种影响因素（如经济因素、主要供应商的劳资关系和劳动力市场资源情况等）确定。

4. 影响采购预算的因素

影响采购预算的因素主要包括以下 6 个方面。

（1）采购环境。

（2）销售计划。

（3）用料清单。

（4）存量管制卡。

（5）材料标准成本的设定。

（6）生产效率。

5. 采购预算编制方法

采购预算的编制方法多种多样，有固定预算、弹性预算、滚动预算、增量预算、零基预算和定期预算等。由于各种采购预算编制方法的特点和编制原理不同，公司在编制采购预算的过程中，应根据外部环境和公司自身的预算水平进行选择。相关人员在选择采购预算编制方法时可以参考表2.2-3。

表 2.2-3　采购预算编制方法

方法名称	优点	缺点	适用范围
固定预算	简便易行、较为直观	①机械呆板，可比性差；②不利于正确地控制、考核和评价采购预算的执行情况	适用于在一定范围内相对稳定的采购项目，如采购金额变化很小，或者金额固定的采购项目
弹性预算	①克服了传统采购预算编制方法的缺陷，扩大了采购预算的适用范围；②有利于客观地对采购预算执行情况进行控制、考核、评价；③避免了由于业务量发生变化而频繁修订采购预算	操作复杂，工作量大	①适合于采购数量随着业务量变化而变化的采购项目；②适用于市场价格及市场份额不确定的企业
滚动预算	①有利于根据前期采购预算的执行情况及时调整和修订近期采购预算；②有助于保证采购费用支出的连续性和完整性；③能充分发挥采购预算的指导和控制作用	操作复杂，工作量大	适用于规模较大、时间较长的工程类或大型设备采购项目
增量预算	采购预算编制方法简便、容易操作	①采购预算中的某些不合理因素会长期存在；②容易使基层预算使用部门养成资金使用上"等、靠、要"的习惯	适用于由于某些计划采购项目的实现而相应增加采购费用支出的采购项目

（续表）

方法名称	优点	缺点	适用范围
零基预算	①确保重点采购项目的实现；②有利于合理配置资源，切实提高企业采购资金的使用效益	预算工作量大，需要投入大量的人力资源	适用于各种采购项目
定期预算	预算期间与会计年度相配合，便于考核和评价采购预算的执行情况	①跨期长；②具有一定的盲目性和滞后性	适用于服务性质的经常性采购项目，如会议采购等

2.3 采购计划和预算工具、表格

采购计划和预算管理工作，离不开科学有效的工具和表格。通过运用下列模板，采购计划和采购预算能得到高效执行。

2.3.1 年度采购计划表

年度采购计划表如表 2.3-1 所示。

表 2.3-1 年度采购计划表

年度：

数量 品名 ＼ 月度	1月	2月	3月	4月	5月	6月	7月	8月	9月	10月	11月	12月	累计

编号：　　　　　　　编制部门：　　　　　　审核部门：

2.3.2 季度采购计划表

季度采购计划表如表 2.3-2 所示。

表 2.3-2 季度采购计划表

部门：			采购季度：		金额单位：万元			
序号	采购项目（品目）名称	单位	单价	数量	预计采购金额	预计需求日期（月份）	具体联系人姓名及电话	备注
1								
2								
3								
4								
5								
6								

编号：　　　　　　　编制部门：　　　　　　　审核部门：

2.3.3 月度采购计划表

月度采购计划表如表 2.3-3 所示。

表 2.3-3 月度采购计划表

序号	物品名称/品牌	规格型号	单位	数量	单价（元）	预计采购金额（元）	交货日期	用途
1								
2								
3								
4								
5								
预计金额合计								
部门经理意见：		采购经理意见：		采购总监意见：			财务部门审核：	
签字/日期：		签字/日期：		签字/日期：			签字/日期：	

2.3.4 物资需求计划清单

物资需求计划清单如表 2.3-4 所示。

表 2.3-4 物资需求计划清单

需求部门：×× 部门　　　　　　　　　　　　　日期：　年　月　日

序号	物资名称	规格型号	单位	数量	需求日期	要求	备注
1							
2							
3							
4							
5							
6							

总经理：

部门经理：

编制人：

2.3.5 物料采购计划表

物料采购计划表如表 2.3-5 所示。

表 2.3-5 物料采购计划表

部门：　　　　　　　　　　　　　　　　　　　日期：　年　月　日

序号	物料名称	规格型号	单位	数量	用途	使用日期	主要物资适用的标准名称及其编号 质量要求（接收准则）
1							
2							
3							
4							
5							

（续表）

拟采用的供应商	第1家	第2家	第3家
供应商			
估价			

编制人：

分公司经理审核：

总公司批准：

日期：年　月　日

2.3.6　项目采购计划表

项目采购计划表如表2.3-6所示。

表2.3-6　项目采购计划表

编号：

日期：年　月　日 　　　　　　　　　　　　　　第　页　共　页

序号	材料名称	规格	单位	数量	进场时间	技术要求	使用部位	备注
1								
2								
3								
4								

编制人：　　　　　　生产经理：　　　　　　项目领导审批：

2.3.7　采购申请单（请购单）

采购申请单如表2.3-7所示。

表 2.3-7　采购申请单

需求日期：　　　　　　　　　　　　　　　　　　　　　　　　　　编号：

序号	请购物资	规格	型号	数量	单位	参考价格	需求日期	用途	备注
1									
2									
3									
4									
5									
6									

申请原因：

申请部门		申请人		采购部门负责人		公司主管领导	
		部门经理					

2.3.8　订单采购计划表

订单采购计划表如表 2.3-8 所示。

表 2.3-8　订单采购计划表

日期：　　年　　月　　日　　　　　　　　　　　　　　　编号：

材料名称	型号	适用产品	上旬		中旬		下旬		库存量	订购量
			生产单号	用量	生产单号	用量	生产单号	用量		

2.3.9 采购年度降价计划表

采购年度降价计划表如表 2.3-9 所示。

表 2.3-9 采购年度降价计划表

×××有限公司×××分公司采购 20××年度降价目标及实施计划

日期：　年　月　日

序号	年度降价目标	实施方案	负责人	去年实际均价		生产部门批准						采购部门达成				财务部门审核		达成率
						1月	2月	3月	4月	5月	6月	7月	8月	9月	10月	11月	12月	
1	为降低公司的生产成本，提高公司在行业中的竞争力，特设定××年度采购降价目标：①原材料（部品）目标降价××%；②辅材、耗材降价××%；③其他办公类、设备修理类物品降价××%	①因原材料采购数量的增加，要求各供应商降低原材料单价，目标降价××%			目标													
					实际													
					评价													
		②通过对辅材、耗材的市场行情的深入调查，并对部分耗材采用多家供应商报价对比的方式，达到辅材、耗材年度目标××%的目标			目标													
					实际													
					评价													
		③对于办公用品、设备修理类物品通过多家供应商报价对比，且采用本公司较近的供应商，降价采购单价，达到年度降价××%的目标			目标													
					实际													
					评价													

2.3.10 年（季）度采购预算表

年（季）度采购预算表如表 2.3-10 所示。

表 2.3-10 年（季）度采购预算表

编制部门： 金额单位：元 数量单位：千克

序号	物料名称（编号）	规格（型号）	年（季）度采购计划情况			
			预计需求总量	计划采购总量	预计采购单价	预计采购总金额
1						
2						
3						
4						
5						
6						
7						
8						
9						
10						
11						
12						

2.3.11 月度采购预算表

月度采购预算表如表 2.3-11 所示。

表 2.3-11 月度采购预算表

×× 月			
需求数量	计划采购数量	采购单价（元）	采购金额（元）

2.3.12 采购现金预算表

采购现金预算表如表 2.3-12 所示。

表 2.3-12 采购现金预算表

类别	预计期初资金占用	本期预增采购资金				预计耗用量	预计期末资金占用
		上旬	中旬	下旬	合计		
原材料							
包装物							
备件							
其他物料							
合计							

2.3.13　采购预算审核表

采购预算审核表如表 2.3-13 所示。

表 2.3-13　采购预算审核表

申请单位（部门）：　　　　　　　　　　编号：

采购内容			
采购计划 审批时间		预计采购 金额（元）	

理由：

申请单位（部门）意见：

　　　　　　　　　　　　　　　　　　　主要负责人签字：
　　　　　　　　　　　　　　　　　　　年　月　日

主管部门意见：

　　　　　　　　　　　　　　　　　　　签字：　　单位盖章：
　　　　　　　　　　　　　　　　　　　年　月　日

分管副总意见：

　　　　　　　　　　　　　　　　　　　签字：
　　　　　　　　　　　　　　　　　　　年　月　日

总经理审批意见：

　　　　　　　　　　　　　　　　　　　签字：
　　　　　　　　　　　　　　　　　　　年　月　日

2.3.14 紧急采购申请表

紧急采购申请表如表2.3-14所示。

表2.3-14 紧急采购申请表

申请单位			申请部门			申请时间		
序号	物品名称	规格型号	单位	数量	单价（元）	预计采购金额（元）	要求交货时间	备注
1								
2								
3								
4								
合计金额（元）								
申购	紧急采购原因及采购要求					部门负责人签字		
审批	总经理（副总）审批意见							
受理	采购经理意见					采购人员执行措施		

2.3.15 采购计划变更审批表

采购计划变更审批表如表 2.3-15 所示。

表 2.3-15 采购计划变更审批表

编号：   日期：   年   月   日

申请部门			
变更内容概述			
原采购申请单编号		原采购审批表编号	
变更金额		变更采购方式	
部门经理意见			
采购经办人			
采购经理意见			
财务经理意见			
主管副总意见			
总经理意见			
批复文号		是否通过审批	□是 □否
附件			

编制人：

2.3.16 替代品采购申请单

替代品采购申请单如表 2.3-16 所示。

表 2.3-16 替代品采购申请单

日期：   申请部门：

序号	原用品名	替代品名	数量	单价	金额	替代原因
1						
2						
3						
4						

2.3.17 采购预算变更申请表

采购预算变更申请表如表 2.3-17 所示。

表 2.3-17 采购预算变更申请表

申请单位（并盖章）：　　　　　　　　　　　　　　　申请日期：　年　月　日

金额单位：元

变更原因												
项目（含经费，下同）名称	单位编码及名称	项目编码	年初预算金额	当前余额	本次调整金额	调整后金额	采购品目名称	采购品目编码	数量	单价	预计采购金额
原项目											
变更为项目											

第3章

采购谈判与合同管理

要想做好采购谈判与合同管理工作，应准确理解采购谈判和合同的概念，熟悉采购谈判的原则、重难点和内容，清楚采购合同中的履行要求和违约责任，最终正确分析目标、制定策略。

3.1 采购谈判与合同管理概述

恰当准确地运用采购谈判技巧，科学签署并管理采购合同，能使企业在采购中得到最有利于己方利益的结果。因此，企业必须充分重视采购谈判与合同管理。

3.1.1 采购谈判的关键原则

采购谈判是指企业在采购时与供应商所进行的贸易谈判。企业希望以较理想的价格、物品质量和供应商服务获取物品，而供应商则想以自己希望的价格和服务提供物品。当两者要求不完全一致时，就需要通过谈判解决。

采购谈判的重要性，体现在其关键原则上。

1. 合作性与冲突性

进行采购谈判时，合作性与冲突性并存。合作性表现在双方利益相同的一面，冲突性表现在双方利益有分歧的一面。采购谈判成功的关键在于将冲突性转化为合作性，一旦合作性比例足够大，采购谈判就能顺利完成。

2. 原则性与可调整性

原则性指双方谈判的底线，而可调整性则指双方为解决分歧而可能做出的让步。把握原则性与可调整性之间的平衡，也是采购谈判成功的关键。在原则性方面差距较大的情况下，谈判人员应灵活利用可调整性，采取种种手段缩小原则性方面的差距，这也体现出采购谈判的重要价值。

3. 经济利益中心性

采购谈判的关键是获取采购方的经济利益。作为企业,希望以较低的价格购买物品,从而降低成本。因此,采购谈判一般围绕企业自身经济利益进行,而价格又是采购谈判中调节和保障经济利益的主要杠杆,其使采购谈判的重要意义得以体现。

3.1.2 采购谈判的重点与难点

采购谈判的重点与难点,体现在企业制定的采购计划、销售计划以及供应商文件上。

1. 采购计划

采购计划包括原材料的大分类、中分类、小分类等各类别的总量目标、比例结构(其中包括销售额及其占比、毛利及其占比)、周转率、各类原材料的进货标准、交易条件等。

2. 销售计划

销售计划包括企业自身制定的产品销售时间安排、产品价格幅度、运营费用负担、采购成本等细节内容。

3. 供应商文件

通过供应商文件,要求供应商在和企业的采购交易中,按照企业的运行规范进行。这是采购谈判的基础,也是采购谈判所要达成的重点目标。

供应商文件的主要内容如下。

(1)供应商名单,包括公司名称、地址、开户银行账号、联系方式等。

(2)供货条件,包括产品品质、包装、交货时间、价格及折扣等。

(3)订货条件,包括订购量、配送频率、送货时间等。

(4)付款条件,包括进货审核、付款、退货抵款等。

(5)凭据流转程序,包括采购合同、订货单、供货编号、形式发票、退货单、退货发票等。

3.1.3　采购谈判与合同管理的内容

1. 采购谈判管理

具体的采购谈判管理内容如下。

（1）采购物品。

采购物品包括物品的质量、品种、规格、包装等。物品质量是物品内在素质和外观形态的综合反映。物品包装是指物品的保护和装潢措施。在采购谈判与合同管理中应明确约定包装内容和交付方式。

（2）采购数量。

采购数量包括采购总量、采购批量（即单次采购的最高订量与最低订量）等。

（3）送货。

送货包括送货时间、配送频率、送货地点、最高与最低送货量、保质期、验收方式等。

（4）退货。

退货包括如退货条件、退货时间、退货地点、退货方式、退货数量、退货费用分摊等。

（5）价格。

价格包括价格折扣、单次订货数量折扣、累计进货数量折扣、不退货折扣、提前付款折扣等。

（6）付款条件。

付款条件包括付款期限、付款方式等。

（7）售后服务保证。

售后服务保证包括物品保换、保退、保修、安装等。

对上述内容进行确定并加上违约责任、合同变更与解除条件、其他必备内容，就形成采购合同。

2. 采购合同管理

采购合同是由买卖双方或其授权的代理人协商一致后签订的合同。采购合同也包括订货单，需要买卖双方对要约达成协议后才有效。

具体的采购合同管理内容如下。

（1）采购合同要件。

采购合同成立的要件在于买卖双方是否具有合法授权，其合同是否为协议一致后达成。采购合同成立的要件包括有法律效力的相关证明文件、签约人具有权力与民事行为能力、标的物合法、履约能力及给付能力、签约人对待定事项的协商一致等。

（2）采购合同成立方式。

一般采购合同成立的方式有 3 种。金额较大且内容比较复杂的采购合同多采用签约方式。由买卖双方任何一方提出要约，对方按照约定方式表示接受的形式，被称为确认接受方式。由买卖双方通过书信、电子邮件等所达成协议的形式，被称为换文方式。

（3）采购合同分类。

采购合同可以按以下方式分类。

①按采购内容分类，可分为物品采购合同、工程项目采购合同和服务采购合同。

②按采购职能的范围和标的分类，可分为商业、政府和制造业采购合同。

③按支付方式分类，可分为固定价格合同、成本加酬金合同和固定工资合同等。

④按买卖双方关系分类，可分为现货合同、定期采购合同、无定额合同（框架合同或持续性合同）、定额合同等。

⑤按成立方式分类，可分为口头形式采购合同、书面形式采购合同和其他形式采购合同等。

3.2 采购谈判与合同管理的制度化举措

对采购谈判与采购合同的管理，不能仅停留在习惯性举措上，而要形成制度化举措，确保企业日常采购谈判与履行采购合同等行为遵循专业流程。

3.2.1 为什么采购谈判与合同管理要制度化

通过采购谈判管理的制度化，能起到如表 3.2-1 所示的作用。

表 3.2-1 采购谈判与合同管理制度化的作用

制度化措施	具体作用
强化法律法规约束	为采购谈判与合同管理工作的开展打好理论基础
完善流程环节	在日常工作中严格要求采购人员按规章制度办事，限制个人权力，杜绝营私舞弊现象
规范采购合同文本格式	以制度规范合同文本，并在采购合同谈判过程中获得主动权
梳理合同条款	确保合同条款中的每项内容能适时更新、与时俱进、符合企业需求
审核供应商	对供应商的资格和能力进行调查审核，保证及时发现问题，为采购谈判合同的签订把好关

3.2.2 采购谈判管理制度模板

×××××公司采购谈判管理制度

第1章 总则

第1条 目的。

为规范采购谈判议价管理及审核流程，确保所购物品品质高、价格合理。依据国家相关法律法规及公司合同管理规定，特制定本制度。

第2条 适用范围。

适用于公司所需物品以及公司日常所需各种物品的采购价格的分析、谈判、审核、确认等管理工作。本制度适合采购开发部门和采购跟单部门使用。

第 3 条　权责。

（1）采购部门负责对供应商提供的样品价格进行询价、议价等谈判事项，并负责采购合同的签订、履行和管理工作。

（2）财务部门负责对采购价格进行分析和审查。

（3）采购价格和采购合同由相关部门经理、总监审核，报总经理审批。

第 2 章　价格审核规定

第 4 条　询价及议价。

（1）采购人员应选择 3 家以上符合采购条件的供应商作为询价对象。

（2）询价后，选择 2 家以上供应商进行交互议价。

（3）采购议价时应注意物品品质、交货时间、服务。

（4）供应商提供报价的物品与请购规格不同或属替代品时，采购人员应送需求部门或生产总监处确认。

（5）采购部门必须经常分析和收集资料，了解和判断市场价格趋势，以作为议价的依据。

（6）采购部门应根据需要会同需求部门共同询价与议价。

第 5 条　价格调查。

（1）本公司各有关部门，均有义务提供价格信息，以利于采购部门比价参考。

（2）采购部门有责任向供应商索取详细的物品价格资料，同时通过其他途径收集相关物品的价格信息，调查价格信息，建立价格信息体系，便于对物品价格进行分析和查找，确保采购物品价格的合理性和适当性。

（3）采购人员要随时关注相关物品的主要原材料的价格趋势，分析其价格的变化趋势，这有利于采购价格的谈判。

第 6 条　价格审核。

（1）询价、议价完成后，采购人员应在样品资料表和采购订单价格表上填写供应商资料和物品规格等资料，并填写询价或议价结果，必要时附上书面说明。

（2）采购经理对议价结果进行审查，认为需要再进一步议价时，让采购人员重新议价，或由采购经理亲自与供应商议价。

（3）将采购经理审查后的价格，呈送财务部门审核，最后呈送总经理确认批准。

（4）总经理可视需要再议价或要求采购部门等相关部门进一步议价。

（5）采购核准权限规定，不论金额多少，均应先经采购部门经理审核，再呈总经理核准。

（6）需将核准后的采购订单价格表送财务部门建档。

（7）对于已核定的价格有涨跌变化的审核，同样应参照新价格的审核流程执行。

第7条　采购谈判规定。

（1）谈判人员代表公司形象，在采购谈判过程中应遵守公司员工行为规范。

（2）采购谈判中，谈判人员应和供应商方面有决定权的人员进行谈判，以免浪费时间，同时避免透露公司的立场。

（3）采购谈判应在公司会议室中进行，以提高工作效率，不得在饭店、KTV等场所进行。

（4）谈判人员应注意商务礼仪，不得使用侮辱性动作和语言，同时注意掌握谈判进度和谈判氛围，防止谈判破裂。

（5）采购谈判过程应当保密，无关人员未经许可不得进入谈判会场，参与采购谈判的人员不得泄露与采购谈判有关的内容，谈判结果未经审批不得予以公布。

（6）在采购谈判期间，公司中参与采购谈判的人员都不得接受对方的宴请、送礼、贿赂等，否则按公司相关规定处理。另外，不得以任何方式泄露公司的谈判底线，否则对公司所造成的损失由当事人承担。

第3章 采购谈判管理纪律要求

第8条 参与采购谈判和议价的人员不得出现下列情况，否则公司将视情节轻重给予相应处分。

（1）泄露或私自更改议价内容。

（2）损害公司利益。

（3）采购谈判过程中出现严重的不负责任行为。

第9条 参与采购谈判和议价的人员违反国家和公司相关规定，给公司造成经济损失或其他损失的，视其性质和情节轻重，由公司给予当事人行政和经济处罚。

第10条 将触犯刑律的人员移交司法部门处理，公司保留对当事人的追索权。

第4章 附则

第11条 本制度未尽事宜，依照国家相关法律法规和政策执行。

第12条 本制度由采购部门制定，采购部门负责解释和修订。

3.2.3 采购谈判方案模板

××房地产企业采购谈判方案

1. 采购谈判参与人员

采购谈判的主要参与人员包括材料设备经理、采购经理、采购人员及相关物资的使用人员。

2. 采购谈判的原则

（1）互利互惠原则。

在采购谈判过程中，不仅要从企业自身的利益出发考虑采购谈判的方式和技巧，也要换位思考，从对方的利益角度考虑谈判目标的实现，努力在采购谈判过程中实现互利互惠原则，以不损害谈判双方的友好合作关系为前提。

（2）时间原则。

时间就是优势，在谈判前和谈判中要通过时间技巧掌握采购谈判的主动权，力求速战速决。

（3）信息原则。

信息的掌握情况在很大程度上决定着采购谈判的成功与否。在谈判前要通过各种渠道掌握各类与采购谈判有关的信息，在采购谈判过程中要通过对谈判信息的总结、分析，将其转化为自身的优势。

（4）诚信原则。

诚信是采购谈判成功的基础，是与供应商保持长期良好合作关系的前提。在采购谈判中严禁使用涉嫌欺诈的方式和手段。

3. 谈判目标

谈判目标的具体内容如表 3.2-2 所示。

表 3.2-2　谈判目标明细表

层次	项目						
	价格	支付方式	交货条件	运输费用	产品规格	质量标准	服务标准
最优目标							
可预期目标							
可接受目标							

4. 谈判项目

（1）物品的质量保证。

物品的质量保证需满足企业需求，附有物品合格说明书、检验合格证书及物品的有效使用年限。

（2）包装。

包装包括内包装和外包装，根据谈判价格确定具体的包装形式，确保采购物品无折损。

（3）价格。

明确合理的采购价格可以给供应商带来销售量的增加、销售费用的减少、库存量的减少等利好因素。明确的价格折扣，可降低采购总成本，主要有数量折扣、现金折扣、无退料折扣、季节性折扣及新品折扣等。

（4）订购量。

根据企业施工实际进度和企业仓储能力确定订购量。

（5）付款方式。

付款方式包括一次性付款、月结付款和其他付款方式，应综合分析比较，选择最有利的付款方式。

（6）交货时间。

交货时间的确定以不影响企业的正常生产为前提，结合企业物品存放的成本，尽量选择分批交货。

（7）售后服务事项。

售后服务事项包括维修保证、品质保证、退换货等内容。

5. 谈判准备

（1）信息收集。

信息收集的种类及目的如表 3.2-3 所示。

表 3.2-3　信息收集的种类及目的

序号	种类	目的
1	谈判模式及价格的历史资料	了解供应商采购谈判技巧的趋势、供应商上次采购谈判的方式等
2	购买物品的历史资料	价格的上涨有时意味着供应链整体竞争力的下降，这也可作为谈判的筹码
3	宏观环境资料	了解政府法令、企业政策等，提升谈判能力
4	供应商资料	了解价格趋势、科技重要发明、市场占有率等供应商物品市场信息，做到知己知彼
5	主要合同条款的起草	起草一份企业熟悉的采购合同，列举出主要的合同条款

（2）议价分析。

①采购人员在财务部门相关人员的帮助下，对采购物品成本进行专业分析，设置议价底线。

②进行比价分析，如表3.2-4所示。

表3.2-4　比价分析表

比价项目	内容
价格分析	对相同成分或规格的物品的价格或服务进行比较，至少要选取3家以上供应商
成本分析	将总成本分为人工、原材料、外包装等，作为讨价还价的筹码

③确定实际与合理的价格。

6. 采购谈判的优劣势分析

（1）关注企业作为买方的实力。

①采购数量的多少。

②主要原材料。

③标准化或没有差异化的物品。

④利润的大小。

⑤对行情的把握程度。

（2）供应商作为卖方的实力。

①是否独家供应或独占市场。

②是否拥有复杂性或差异化很大的物品。

③物品转换成本的大小。

（3）替代品分析。

①替代品的可选种类。

②替代品的差异性。

（4）竞争者分析。

①所处行业的成长性。

②竞争的激烈程度。

③行业的资本密集程度。

（5）新供应商的开发。

①资金需求的多少。

②供应物品的差异性。

③采购渠道的建立成本。

7. 采购谈判的议程

（1）谈判时间。

时间：××××年××月××日—××××年××月××日。

每日：上午8：30—11：30；下午2：00—5：00。

（2）谈判地点。

地点：××市××宾馆××会议室。

8. 采购谈判过程

采购谈判过程如表3.2-5所示。

表3.2-5　采购谈判过程

第1阶段	第2阶段	第3阶段	第4阶段
开局	报价	磋商	成交
（1）建立良好的谈判氛围； （2）交换谈判相关的内容意见； （3）双方进行开场陈述	（1）把握报价原则，可以采取书面报价或口头报价的方式； （2）确定合理的报价范围	（1）磋商的形式，包括书面和见面，以书面磋商为主； （2）把握磋商的反复性，磋商的过程就是讨价还价的过程； （3）在磋商过程中要做适当让步	（1）达到成交目的的策略，包括最后通牒、折中等； （2）争取完全成交，在完全成交无法实现时，可部分成交； （3）签署协议，谈判的成果只有在协议签署以后才成立

9. 谈判特殊情况的处理

（1）材料设备经理根据采购谈判的具体情况从总体上把握谈判的进程，并在自己的权限范围内灵活处理采购谈判中出现的新情况和新问题。

（2）对材料设备经理无法决定的谈判内容，应报请主管副总和总经理进行审核批准。

3.2.4 采购合同管理制度模板

×××××公司采购合同管理制度

第1章 总则

第1条 目的。

为规范采购合同管理工作，防范合同采购风险，维护公司利益，依据国家相关法律法规及公司合同管理规定，特制定本制度。

第2条 适用范围。

适用于公司所需物品及公司日常所需各种物品的采购合同的签订、履行和管理工作。本制度适合采购开发部门和采购跟单部门使用。

第3条 权责。

（1）采购部门负责对供应商提供的样品价格进行询价、议价等谈判事项，并负责采购合同的签订、履行和管理工作。

（2）财务部门负责对价格进行分析和审查。

（3）采购价格和采购合同由相关部门经理、总监审核，报总经理审批。

第2章 采购合同签订

第4条 采购签约权限的规定。

（1）公司所有的采购合同均需公司总经理签署。

（2）公司所属分支机构和分公司的采购合同，须在公司总经理的授权范围内由相关人员签署。

（3）对于需要实施招标采购的物品，公司成立由采购部门、财务部门、生产部门、质量部门等部门组成的招标小组，由招标小组负责具体的招标事宜。

第5条 供应商调查。

签订合同前，采购人员就对方的信用（含经营范围、银行资金、履约能力、技术和质量等级、法人资格、签约人是否是法人代表或经法人代表授权的委托代理人等）进行全面了解。标的物总价在100 000元以上的合同应当形成书面报告，并就合同对方的资信情况形成会审意见。

第 6 条　采购人员根据对方资信情况、采购谈判情况起草采购合同。

第 7 条　采购合同审批程序。

（1）采购人员提交采购合同初稿会审稿。

（2）审查采购合同初稿会审稿。

签署采购合同前，有关责任人应对采购合同初稿会审稿所涉及的内容进行全面审查。审查采购合同初稿会审稿的具体分工和流程如下。

（1）公司财务部门主要负责对采购合同中价款的形成依据、款项收取和支付条件等条款进行审查并提出意见。

（2）法律顾问主要对采购合同内容条款的合法性进行审查并提出审查意见。

（3）质量部门主要对有关采购合同质量标准的条款的准确性进行审查并提出审查意见。

（4）生产总监负责对采购合同所涉内容进行全面审查并提出审查意见。

（5）公司总经理根据相关部门所提意见、办理程序的规范性以及其他认为需要审查的内容对采购合同进行审阅并签署意见。

（6）采购部门根据公司总经理的意见修改合同文本，并将总经理的意见、合同签署相关附件等文件再次报送审查，审查通过后由公司总经理或受总经理委托的合同签署代理人正式与供应商签署采购合同。

第 8 条　公司采购部门根据对采购合同初稿会审稿修订审批后形成的合同定稿签订采购合同，对于零星物品的采购根据财务部、使用部门签署的零星物品采购合同主要条款会签表签订采购合同。

第 9 条　采购合同签订过程中各部门的职责划分。

（1）公司采购部门负责采购合同签署前的合同询价、议价、调研等工作。

（2）公司法律顾问对采购合同内容的合法性和可能产生的法律后果进行把关。

（3）公司财务部门和质量部门配合采购跟单部门做好合同货款和合同标的物质量检查工作。

（4）公司其他职能部门在各自部门职责范围内对采购合同的管理工作提供支持。

第10条　采购合同的订立必须采取书面形式，经签约双方协商的有关修改采购合同的文书、传真、电报、图表、电子邮件、报价书和会签表等，均属于采购合同的范围。公司采购部门、财务部门、档案室以及供应商各留一份采购合同原件备查。

第3章　采购合同履行

第11条　采购合同签订后即生效，具有法律约束力，公司必须按采购合同约定全面履行规定的义务，遵守诚实守信原则，根据采购合同性质、目的和交易习惯履行通知、协助、保密等义务。

第12条　在采购合同履行过程中，采购跟单部门应根据采购合同的履行情况做详细全面的书面记录，并保留相关能证明采购合同履行情况的原始凭证。

第13条　遇到履行有困难的采购合同必须及时向相关参与合同管理的部门通报并报告公司相关领导。

第14条　在采购合同履行过程中出现下列情况之一时，采购跟单部门应及时报告公司，并按照国家相关法律法规和公司有关规定及采购合同约定与对方协商变更或解除采购合同。

（1）由于不可抗力因素导致采购合同不能继续履行的。

（2）由于对方在采购合同约定的期限内没有履行采购合同所规定义务的。

（3）由于情况变更，致使我方无法按约定履行采购合同，或虽能履行但会导致我方有重大损失的。

（4）其他采购合同约定或法律规定的情形出现。

第15条　对采购合同发生纠纷时，采购部门相关人员应会同公司法律顾问与对方协商解决，协商不成需进行仲裁或诉讼的，应协助公司法律顾问办理有关事宜。

第 4 章　采购合同管理纪律要求

第 16 条　参与采购合同签订和采购合同管理的人员不得出现下列情况，否则公司将视情节轻重给予相应处分。

（1）泄露或私自更改采购合同内容。

（2）丢失采购合同。

（3）损害公司利益。

（4）参与采购合同制定、签订的过程中出现严重的不负责任行为。

第 17 条　参与采购合同签订和采购合同管理人员违反国家和公司相关规定，给公司造成经济损失或其他损失的，视其性质和情节轻重，由公司给予当事人行政和经济处罚。

第 18 条　将触犯刑律的人员移交司法部门处理，公司保留对当事人的追索权。

第 5 章　采购合同资料管理

第 19 条　采购部门负责采购合同资料的收集、汇总、保存和存档、归档工作。

第 20 条　财务部门负责采购合同管理过程中所涉及的原始凭证、票据的备份和保存工作。

第 6 章　货款支付规定

第 21 条　供应商提供的物品，必经过本公司采购跟单部门、质量部门、财务部门等部门相关人员的相关验收后方能支付货款，主要包括下列内容。

（1）确认订货单。

（2）确认采购合同。

（3）确认供应商。

（4）确认送货时间。

（5）确认所送物品的名称和规格。

（6）送货实收数量。

（7）检验合格证书。

（8）合法的增值税发票。

第22条 采购跟单部门和财务部门应根据每天的入库单和收货清单分别建立应付账款台账。采购跟单部门相关人员根据公司财务管理规定，在物品质量检验合格的情况下，会同财务部门履行付款义务。

第7章 附则

第23条 本制度未尽事宜，依照国家有关的法律法规和政策执行。

第24条 本制度由采购部门制定，采购部门负责解释和修订。

3.3 采购谈判与合同管理工具、表格

采购谈判与合同管理，同样需要运用科学严谨的工具、表格。企业应重视该类表格工具的编制、更新与管理，以便提高采购谈判与合同管理的工作效率。

3.3.1 采购谈判计划表

采购谈判计划表如表 3.3-1 所示。

表 3.3-1　采购谈判计划表

谈判目标			谈判议程	谈判议题	参与人员	谈判策略	
最优目标	预期目标	底线目标				实施策略	备选策略

3.3.2　采购谈判流程说明表

采购谈判流程说明表如表 3.3-2 所示。

表 3.3-2　采购谈判流程说明表

节点控制	相关说明
1	采购谈判具有不确定性，在确立采购谈判目标时，应确立不同层次的目标，包括最优目标、预期目标和底线目标
2	采购谈判项目用于对谈判内容予以确定，包括物品品质、包装、价格、数量、折扣、付款条件以及交货时间等
3	收集供应商信息，包括了解供应商运营状况、商业信誉、供货成本以及价格底线等内容
4	议价分析，通过专业人员对价格进行成本分析，确立议价底线
5	谈判优劣势包括企业在采购谈判中需要把握的谈判资本和不足。优劣势通常通过对比体现，如采购量大小、采购连续性、供应商供货期的长短、所供物品差异性的大小以及企业实力和供货商实力等
6	合同管理专员根据前期掌握信息，制定详细的采购谈判方案,方案内容包括谈判目标、谈判议程、参与人员等
7	采购经理组织相关人员同供应商进行谈判，采购经理在权限范围内有一定的决策权,可以对谈判过程进行控制，灵活做出决定

3.3.3　采购谈判记录表

采购谈判记录表如表 3.3-3 所示。

表 3.3-3　采购谈判记录表

采购项目				
实施方式	谈判采购			
谈判时间				
谈判地点				
主 持 人				

供应商	含税报价		谈判价格	供应商签字

谈判内容描述	交货时间				
	售后服务				
	付款方式				
	云平台				
	其他				
谈判小组成员签字	总 经 理	××部门	××部门	××部门	法 事 办
监审组签字					
董事长审批					

3.3.4 价格谈判记录表

价格谈判记录表如表 3.3-4 所示。

表 3.3-4 价格谈判记录表

价格谈判记录表

编号:　　　　　　　　　　　　　　　　　　　　　　　　　日期:

谈判时间				谈判地点						
采购项目	规格	询价价格（单件）	谈判后价格	单次采购数量	总价	供应商		交货时间	交运方式	备注
						付款条件				
						方式	时间			
谈判争议点										
谈判结果										
谈判参与人员										
谈判负责人意见										
总经理意见										

3.3.5　询价采购谈判记录表

询价采购谈判记录表如表 3.3-5 所示。

表 3.3-5　询价采购谈判记录表

采购单位（盖章）：　　　　　　备案编号：采购〔20××〕　号

采购项目			
预计采购金额		采购方式	
采购过程 （3家以上供应商报价记录）	供应商名称		最终报价
采购结果	成交供应商		
	成交金额		
采购小组（3人以上）签字	姓名	职务 / 职称	联系电话
采购单位 负责人意见	负责人（签字）：　　　日期：　　年　月　日		

注：本表一式二份，采购人员自存一份，报送财政部门政府采购监管科室一份。

3.3.6　竞争性谈判相关表格

评审报告总表如表 3.3-6 所示。

表 3.3-6　评审报告总表

招标项目					
招标编号					
评标委员会评审结果	投标单位	第1次报价(元)	第2次报价(元)	最终报价(元)	排名
推荐的中标候选人	排名次序	候选人			
	1				
	2				
	3				
评标委员会全体成员签字	兹确认上述评标结果属实，有关评审资料见附件。 　　　　　　　　　　　　　　　　　年　月　日				
招标单位定标意见	根据招标文件中规定的评标办法和评标委员会的推荐意见，兹确定中标人。 招标单位 (盖章)：　　　　　　法定代表人 (签字或盖章)： 　　　　　　　　　　　　　　　　　年　月　日				
招标采购监督管理单位意见	 　　　　　　　　　　　　　　　　　年　月　日				

评标委员会成员签到表如表 3.3-7 所示。

表 3.3-7 评标委员会成员签到表

招标项目：   招标编号：

开标时间：   开标地点：

姓名	工作单位	从事专业	专业技术职称	在评标委员会中所承担的工作	签到时间	备注

采购文件、采购过程中开标唱标、现场询问质疑情况确认记录表如表 3.3-8 所示。

表 3.3-8 采购文件、采购过程开标唱标、现场询问质疑情况确认记录表

招标项目：   招标编号：

开标时间：   开标地点：

招标单位（签字）：   招标单位（盖章）：

序号	投标单位	采购文件质疑情况	采购过程质疑情况	现场询问质疑情况	法定代表人或授权代表人签字
1					
2					
3					
4					
5					

现场监督人员签字：

符合性审查表如表 3.3-9 所示。

表 3.3-9 符合性审查表

招标项目： 招标编号：

开标时间： 开标地点：

序号	资质	投标单位		
1	应交未交保证金或金额不足、保函有效期不足、保证金形式或保函出证机构不符合询价文件要求的			
2	未按照询价文件规定要求密封、签署、盖章的			
3	联合体没有提交联合体协议书的			
4	参加政府采购活动前 3 年内，在经营活动中有重大违法记录的			
5	不具备投标资格要求的			
6	不满足规定的实质性要求的			
7	报价超过招标项目预算的			
8	响应文件有效期不足的			
9	不符合法律、法规和询价文件规定的			
	评审结论（合格或不合格）			

评标委员会全体成员签字：

服务响应表如表 3.3-10 所示。

表 3.3-10　服务响应表

招标项目：　　　　　　　　　　　　招标编号：

开标时间：　　　　　　　　　　　　开标地点：

序号	评审因素	投标单位			
1	交货时间				
2	交货地点				
3	交货方式				
4	质量保证期				
5	响应时间				
6	投标范围				
	评审结论（合格或不合格）				

评标委员会全体成员签字：

投标报价记录表如表 3.3-11 所示。

表 3.3-11　投标报价记录表

招标项目：　　　　　　　　　　　　招标编号：

开标时间：　　　　　　　　　　　　开标地点：

招标单位（签字）：　　　　　　　　招标单位（盖章）：

投标单位	第1次报价	第2次报价	第3次报价	最终报价	最终报价排名	法定代表人或授权代表人签字

现场监督人员签字：

推荐的中标候选人名单如表 3.3-12 所示。

表 3.3-12　推荐的中标候选人名单

招标项目		
招标编号		
开标时间		
开标地点		
评标时间		
排名	投标单位	最终报价
第 1 名		
第 2 名		
第 3 名		

评标委员会全体成员签字：

　　　　　　　　　　　　　　　　　　　年　　　月　　　日

3.3.7　采购合同谈判记录表

采购合同谈判记录表如表 3.3-13 所示。

表 3.3-13　采购合同谈判记录表

编号：

谈判时间		谈判地点	
采购项目			
申请单位		主管部门	
对方单位			
对方参与人员			
谈判主要内容纪要	价格（含税）：		
	付款方式及期限：		
	履行期限：		
	其他约定：		
我方参与人员签字			

3.3.8 定向谈判评议表

定向谈判评议表如表 3.3-14 所示。

表 3.3-14 定向谈判评议表

项目名称：

项目编号：

谈判方：

1. 基本情况

供应商名称	
定向谈判原因说明	
评比方法及评比标准	
项目预算	

2. 谈判情况

序号	谈判时间	谈判地点	谈判情况
1			
2			
3			
4			

3. 采购结果建议

序号	建议
1	
2	
3	
4	
5	

采购小组签字：

见证人签字：

3.3.9 采购合同谈判会议纪要模板

采购合同谈判会议纪要模板如表 3.3-15。

表 3.3-15 采购合同谈判会议纪要

会议纪要

会议时间： 会议地点： 会议主题： 谈判人员： 纪要整理：

会议内容

×××× 年 ×× 月 ×× 日，成本管理部门（各地公司财务部门）组织与拟中标供应商 ××× 进行了合同谈判。双方就以下主要条款达成一致意见。

1. 价格谈判

根据开标结果及定标审批结果，×××（以下称乙方）以报价 ××× 元为第一中标单位，经双方协商价格降至 ××× 元。注意开标或比价会议完成后，仍可在采购合同谈判阶段进行价格谈判。

2. 采购数量及单价

优惠的项目和金额，增项（数量单价），减项（数量单价）。

3. 工期确认

4. 验收标准

一定要明确验收标准，避免验收流于形式导致后续纠纷。

5. 付款和发票

（1）注意付款进度及比例。

（2）如果我司（以下称甲方）尚未办理好一般纳税人资格，应与乙方协商先开收据并确认补开发票时间，待办理完毕一般纳税人资质后，再换开增值税专用发票。

6. 售后承诺

（1）团队配置。

（2）免费保修期间。

（3）服务响应时间。

7. 版权归属

要约定项目初步设计、深化设计的版权无偿归甲方所有。

8. 履约保证

协议签订后 7 个工作日内，乙方需向甲方支付 ×× 万元整的履约保证金。若验收不通过或无法在工期内完成订单，则需从履约保证金中扣除定金额。

9. 违约与解约

若乙方违约，在收到甲方通知 3 日内未能解决的，甲方有权解除协议。

10. 其他条款无异议

签字：

第4章

如何做好采购交期管理

采购交期，是采购管理的重点之一。做好采购交期管理，能在必要的时间内，提供生产所必需的物料，有效保障生产并达成产生合理生产成本的目标。

4.1 采购交期管理的目标

明确目标，采购交期管理才能有的放矢。把握关键，采购交期管理才能化繁为简。抓住目标和关键，采购交期管理就等于成功了一半。

4.1.1 采购交期管理的目标

保证采购物料准时送达企业，是采购交期管理的重要目标，也是采购管理部门需要完成的重点工作。

采购交期管理的目标主要包括以下 3 个方面。

1. 规划阶段目标

分析企业采购交期要求、采购交期的统筹与规划。

2. 交期管理开展阶段目标

运行准时制管理模式、及时跟催采购物料、制定延期改善措施。

3. 督导、改善阶段目标

督导、改善阶段目标具体包括督导技能培训目标、督导物料跟催目标、督导交期管理目标、评估改善管理目标。

4.1.2 采购交期管理的重点和难点

在充分理解采购交期管理的目标后，采购管理部门应考虑采购交期管理的内容。其具体内容说明如表 4.1-1 所示。

表 4.1-1　采购交期管理的重点和难点

重点和难点	内容
完成职责划分	完成采购交期管理过程的职责划分，明确各职责内容
建立管理流程和标准	指导建立采购交期管理的流程和标准，规范采购交期管理行为
合理设计采购交期	将采购交期的设计建立在对企业要求有充分分析的基础上
开展准时制管理模式	明确准时制管理基本模式和实施过程相关事项
开展监控、跟催工作	根据程序采用适当方法开展监控、跟催工作
开展交期延误的改善活动	明确交期延误的原因，制定交期延误的改善措施

采购交期管理工作主要内容如表 4.1-2 所示。

表 4.1-2　采购交期管理工作主要内容

工作方法	具体内容
培训员工采购交期管理技能	通过技能矩阵，了解员工技能缺陷，进行有针对性的培训
督导物料跟催活动	对采购物料的跟催过程进行督导，控制物料采购进度
督导采购交期管理过程	对采购交期管理过程进行监督，及时了解管理效果，采取措施进行考核
改善采购交期管理过程	采用科学的方法综合评估采购交期管理工作的效果并进行改善

4.2　采购交期管理的工具、表格

采购交期管理不仅需要组织采购人员准确把握采购时机，还需利用工具和表格，及时跟踪采购情况，保证物料及时到货供应生产。

4.2.1 采购交期管理制度模板

×××××企业采购交期管理制度

第1章 总则

第1条 目的。

为加强采购交期管理，确保采购物料的交货时间，特制定本制度，以保证企业生产经营活动的顺利开展。

第2条 适用范围。

本制度适用于本企业所有采购项目的采购交期管理。

第3条 职责分工。

采购部门进度控制主管在采购经理的指导下具体负责采购交期管理的各项工作。

第2章 采购交期的相关说明

第4条 明确采购交期管理的重要性。

采购交期管理是采购管理的重要一环，确保交期是为达到"在必要的时间提供生产所必需的物料，以保障生产及产生合理的生产成本"的目标。

第5条 采购交期的要件。

采购交期是指从采购订货之日到供应商送货到库之日的这段时间，具体前置时间构成如下。

（1）行政作业前置时间：采购部门与供应商为完成采购行为所进行的准备工作的用时。

（2）原材料采购前置时间：供应商为完成客户订单，向其供应商采购必要的原材料所花费的时间。

（3）生产制造前置时间：供应商内部的生产线制造出订单上所订物料所花费的时间。

（4）运送前置时间：供应商将物料从供应商生产地送达客户指定交货地点所花费的时间。

（5）验收检验前置时间：到货卸货及对物料质量、数量、种类、规格等的检验所花费的时间。

（6）其他零星前置时间：指那些不可预计的外部或内部因素所造成的延误时间以及供应商预留的缓冲时间。

第6条　明确采购交期延迟的原因。

从采购交期的前置时间构成可以看出，本企业内部、供应商以及供应商的供应商、物流等都可能引起采购交期延迟，具体原因如表4.2-1所示。

表4.2-1　造成采购交期延迟的原因解析

序号	采购交期延迟原因	具体表现
1	供应商的责任	（1）接单量超过供应商的产能 （2）供应商技术、工艺能力不足 （3）供应商对时间估计错误 （4）供应商生产管理、品质管理不当 （5）供应商的生产材料出现货源危机 （6）供应商经营者的客户服务理念不佳，欠缺采购交期管理能力 （7）不可抗力原因及其他供应商所致的情形
2	采购部门的责任	（1）事先对供应商的供货能力等评估不准，选错供应商 （2）经验不足等导致业务手续不完整、下订单延误、进度掌握与督促不力 （3）价格决定不合理或勉强 （4）下单量超过供应商的产能 （5）更换供应商 （6）付款条件过于严苛或未能及时付款 （7）缺乏采购交期管理意识 （8）其他因采购原因所致的情形
3	其他部门的责任	（1）请购前置时间不足或请购错误 （2）技术资料不齐备 （3）紧急订货或生产计划变更 （4）设计变更或标准调整 （5）订货数量太少 （6）供应商品质辅导不足 （7）点收、检验等工作延误 （8）未按合同规定支付货款 （9）其他因本企业人员原因所致的情形

（续表）

序号	采购交期延迟原因	具体表现
4	沟通不良	（1）未能掌握一方或双方的产能变化 （2）指示、联络的内容不明确 （3）技术资料交接不充分 （4）品质标准沟通不一致 （5）单方面确定交期或对交期的理解出现偏差 （6）首次合作出现偏差 （7）未达成有关交期、单价、付款等问题的共识 （8）其他因双方沟通不良所致的情形

第 3 章 采购交期的管理

第 7 条 明确采购交期异常对企业的影响。

采购交期异常包括交期延迟和交期提前，这两种情况都会对企业产生不良影响，具体表现如表 4.2-2 所示。

表 4.2-2 采购交期异常对企业的影响表现

序号	采购交期异常分类	不良影响的具体表现
1	交期延迟	（1）会导致生产部门因断料而影响生产效率，若断料频繁，易导致互相配合的各部门人员士气受挫
		（2）由于物料交期延迟，间接导致成品交期延迟，进而导致客户减少或客户取消订单，致使采购物料囤积和给企业带来其他损失
		（3）由于生产效率受影响，需要增加工作时间，从而导致制造费用的增加
		（4）由于物料交期延迟，采取替代品导致成本增加或质量降低
		（5）导致采购、运输、检验的成本增加
2	交期提前	（1）采购物料提前到库导致库存成本增加，若交期经常提前，导致库存囤积、空间不足，进而导致流动资金周转率下降
		（2）允许交期提前，导致供应商优先生产高单价物料而忽略低单价物料
		（3）交期提前频繁会使供应商对交期的管理松懈，导致下次或多次交期提前

第 8 条 基于上述导致采购交期异常的原因及对企业的影响情况，采购部门应与供应商、相关部门积极沟通、协作配合，做到"事前规划、事中控制、

事后考核"，以保证采购物料按期到位。

第9条　采购交期的事前规划。

（1）采购部门要制定合理的购运时间，将请购、采购、供应商生产、运输及进料验收等作业项目所需时间予以事先规划确定，让各部门作为参照依据，同时在与供应商谈判时与之达成共识并在采购合同中予以明确。

（2）制作订单时要预先明确采购交期及数量，大订单可采用分批交货的方式进行。

（3）了解供应商生产设备利用率，合理分配订单，保证物料数量、交期、品质的一致性。

（4）请供应商提供生产进度计划及交货计划，尽早了解供应商的供应能力，便于采取对策。

（5）采购人员及其他部门人员应尽量多地了解其他相似或相同物料来源，收集、查找替代品以备不时之需。

（6）采购人员应根据物料数量及性质、距离远近及交通条件等因素选择合适的运输方式，若是企业自运，采购人员应考虑合理的运输路线，以节省运输费用和运输时间。

（7）在采购合同中明确采购交期违约责任并与供应商达成共识，在采购合同条款中予以明确。

第10条　采购交期的事中控制。

（1）适时了解供应商的供应能力，如有需要则提供必要的材料、模具、技术等支援供应商。

（2）采购跟单员应随时了解供应商生产效率及进度状况，必要时，向供应商施加压力，以获取更多的注意，适时考虑向替代供应商下单的必要性。

（3）若采购交期及数量有变更应及时通知供应商，以维护供应商的利益，确保其配合本企业的需求。如果出现技术变更，应立即联系供应商停止原规格生产，并妥善处理遗留问题。

（4）采购跟单员应加强交货前的跟催工作，提醒供应商及时交货。

（5）及时安排技术、品管人员对供应商进行指导，必要时可以考虑到供应商处进行验货，以降低因进料检验不合格导致断料发生的概率。

第 11 条 采购交期的事后考核。

（1）根据企业的供应商考核制度及时对供应商进行考核评价，将采购交期的考核列为重要项目之一，以督促供应商提高交期达成率。

（2）对交期延迟的原因进行分析并研拟对策，确保重复问题不再发生。

（3）根据供应商考核结果与配合度，考虑更换或淘汰采购交期不佳的供应商，或减少发给其的订单。

（4）执行有关供应商的奖惩办法，必要时加重违约的惩罚力度，并对优良供应商予以适当的回馈。

第 4 章 附则

第 12 条 本制度由采购部门负责制定、修改、解释。

第 13 条 本制度经总经理审批通过后，自颁布之日起实施。

4.2.2 采购进度控制表

采购进度控制表如表 4.2-3 所示。

表 4.2-3 采购进度控制表

编号：　　　　　　　　　　　　　　　　　　　　　　　　　共 1 页

第 1 页

请购日期	请购单号	供应商	地区	代理商	订购信息				付款条件	需求日期	交货记录
					日期	数量	单价（元）	金额（元）			

4.2.3 采购订单交期管理表

采购订单交期管理表如表 4.2-4 所示。

表 4.2-4　采购订单交期管理表

日事项目	内容记录	处理时间	权重			说明
			紧急	重要	一般	
采购跟催管理						
采购交期延迟管理						
采购交期改善管理						
备注						

4.2.4 采购物料跟进表

采购物料跟进表如表 4.2-5 所示。

表 4.2-5　采购物料跟进表

供应商名称：　　　　　　　　　　　　　　　　日期：　　年　月　日

供应商编号：

序号	物料名称	料号	规格	订购量	详情	日期	日期	日期	日期	日期	在途量	备注
					需求							
					交量							
					差异							
					需求							
					交量							
					差异							
					需求							
					交量							
					差异							

4.2.5　催货通知单

催货通知单如表 4.2-6 所示。

表 4.2-6　催货通知单

编制人：_____　　　　　　　　　　　日期：___年___月___日

_____:

贵公司与本公司签订的采购合同已到期,至今尚未交货,请于收到本通知起一周内办理为荷!

此致

_____公司

到期未交货的物料一览表

订购日期	合同编号	物料名称与规格	数量	单位	约定交货时间	备注

注：本单一式三联，一联送生产部门，一联送仓储部门转需求部门，一联存查。

4.2.6　物料订购跟催表

物料订购跟催表如表 4.2-7 所示。

表 4.2-7　物料订购跟催表

分类：_____　　　　　　　　　　　跟催员：_____

订购日期	订购单号	料号（规格）	数量	单价（元）	总价（元）	供应商（编号）	计划进料日	实际进料日		
								日期	日期	日期

第 5 章
如何做好采购质量管理

产品质量对企业至关重要，做好采购质量管理，企业能拥有高质量的产品，从而在竞争中处于有利地位，获得忠诚度高的客户。

5.1　采购质量管理的价值

采购质量管理的重要性体现在其价值上。通过采购质量管理，企业能在适当的时间、适当的地点、从适当的供应商处购买适当数量和质量好的物资，满足生产经营和销售需要，提高下游客户满意度，提高服务质量。

5.1.1　采购质量管理的关键和价值

采购质量管理，是指企业通过采购部门所有层次和人员积极参与，使采购的物资或服务得到持续不断的改进和提高的综合管理过程。采购质量是企业全面质量管理的重要部分，在采购职能中充分发挥管理技术、专业技术作用，建立完整、严密、高效的采购质量保障体系，也是控制采购质量的重要途径。

1.关键

采购质量管理的关键，表现在以下方面。

（1）全过程。对采购全程实施管理，包括市场调研、制定采购计划、建立采购小组、谈判、成交、收货等环节。

（2）全部门。采购部门任何一个分部门和层级的管理工作，都会影响采购质量，全部门应共担责任、共同管理。

（3）全员参与。采购质量的关键包括全体员工树立质量意识、共同努力、全员参与、人人负责。

（4）全指标。对物资质量、采购成本、交货时间、售后服务等采购指标进行全面管理。

（5）科学管理。运用数据统计、信息技术、网络通信、市场营销、供应链管理等科学工具，实施综合管理。

2. 价值

采购质量管理的价值，既体现在采购物资或服务的质量，也体现在采购工作质量上。采购工作质量集中表现为采购管理工作、技术工作和组织工作的水平，并通过企业产品质量和经济效益体现。

因此，采购工作质量也是企业产品或服务质量的保证。企业应抓好日常采购基础工作，规范采购过程，强化采购管理，保证所购物资和服务质量，以此确保采购质量管理的价值。

5.1.2　采购质量管理的重点与难点

采购质量管理工作是长期而艰巨的任务，是需企业全员努力参与的系统工作，其重点与难点如下。

1. 重点

（1）树立现代质量管理理念，加强采购质量教育，培养采购人员质量观念，确保人人重视质量。

（2）加强采购全程管理。对采购的每个环节和步骤严格管理，不将上一环节的问题留到下一环节，实行全程监控。

（3）做好采购各项基础工作。按章办事、细致工作，在平时做好细节管理工作。

（4）建立完备科学的采购质量管理制度，将采购目标、计划、标准、责任、机构和程序制度化，以此保证采购工作质量。

2. 难点

目前，大多数企业加强采购质量管理面临的主要问题如下。

（1）采购质量管理理念相对落后。

部分企业采购部门存在理念落后、服务意识淡薄的情况。部分企业采购部门不了解、不关心也未能积极参与企业的长期发展规划制定，由此导致采购部门员工在日常工作中缺乏责任感、工作目标模糊。部分企业生产计划波动性大，不确定因素较多，导致采购随意性较大，采购质量管理无法完善。

（2）企业采购部门工作质量欠佳。

由于企业规模的扩张，采购部门的工作任务成倍增加，但采购人员数量和质量未能同样增加和提高，导致采购工作顾此失彼，采购部门工作质量也急剧下降。此外，很多企业对于采购工作绩效考核制度流于形式，采购工作绩效考核制度不够科学和完善，企业无法培养出具有专业能力的高水平采购人才。

（3）采购质量管理评价机制不健全。

在采购质量控制方面，相关指标量化不足，未能建立完善指标，无法获得精准的评价结论。

为此，企业需要全方位培训，提高采购人员的综合素质。完善采购管理内部控制制度建设，提高采购管理水平基础，以规范的采购流程和高效的监管体系，促进采购质量管理水平不断提升。

5.1.3　采购质量管理制度模板

××××公司采购质量管理制度

第1章　总则

第1条　目的。

为严格检验采购物资的质量标准，确保订购产品符合客户的质量标准和要求，杜绝不合格物资入库，现结合公司的实际情况，制定采购质量管理制度。

第2条　适用范围。

本制度适用于本公司采购物资的质量检验。

第3条　职责。

质量部门负责编制物资检验控制标准，负责对订购物资送货前的质量进行监督和检验，负责对供应商提供的样品的质量进行检验，并负责所有采购物资质量信息的收集、分析、反馈和处理工作。

第2章　采购质量控制程序

第4条　采购质量控制的基本原则。

（1）必须在评定合格的供应商处采购。

（2）采购前应提供有效的采购文件和资质证明等资料。

（3）对突发所需的特殊材料和急用物资，可在未评定过的供应商处采购，由质安部门进行物资的检验，检验合格后，即可进行采购。

第5条　采购物资的检验。

（1）采购物资到货后，由库管通知质量部门进行检验。

（2）质量部门的质检员负责对采购物资进行抽样检验，按物资检验控制标准的规定进行检验，并填写相应的物资检验报告表。

（3）采购物资检验合格后，方可安排入库。

（4）若采购物资检验不合格，采购部门应及时与供应商进行沟通并处理。

（5）公司各有关部门配合采购部门收集、分析和反馈采购物资质量信息，必要时对供应商提出改进建议。

第3章　采购物资控制检验的规划

第6条　检验采购物资的依据。

（1）采购部门与供应商签订的采购合同。

（2）供应商出示的质量认证，如材质单等。

（3）供应商出示的产品合格证。

（4）采购物资的工艺图纸。

第7条　影响采购物资检验方式、方法的因素。

（1）采购物资对公司产品质量、经营活动的影响程度。

（2）供应商质量控制能力及以往的信誉。

（3）同类物资以往经常出现的质量异常情况。

（4）采购物资对本公司运营最大的影响。

第 8 条　确定采购物资检验的项目及方法。

确定采购物资检验的项目及方法如表 5.1-1 所示。

表 5.1-1　采购物资检验方法

采购物资检验方法	具体说明
外观检测	一般用目视、手感对物资进行检测
尺寸检测	一般用卡尺、千分尺等计量器具检测
材质检测	一般用光谱仪等器具检测

第 9 条　采购物资检验方式的选择。

（1）全数检验。

全数检验适用于数量少、价值高、不允许有不合格品的物资或公司指定进行全数检验的物资。

（2）抽样检验。

抽样检验适用于平均数量较多、经常性使用的物资，一般公司的物资检验常采用此方式。

第 4 章　采购物资检验的程序

第 10 条　质量部门编制采购物资质量标准，由质量部长批准后发给质检员执行。

第 11 条　库管根据交货时间、品种、规格、数量等通知质检员准备检验和验收采购物资。

第 12 条　采购物资运到后，由质检员检查采购物资的品种、规格、数量（重量）、包装情况，并填写相应的验收单。

第 13 条　采购物资质检员将通过审批的验收单作为合格物资的放行通知，通知仓管人员办理入库手续。仓管人员对采购物资按检验批号标识后将物资入库，入库的合格物资方能由库管控制、发放。

第5章　采购物资检验实施要点

第14条　质检员收到相应的验收单后，依检验标准进行检验，并将采购物资的供应商、品名、规格、数量、验收单号等填入检验记录表内。

第15条　采购物资应于收到验收单后当日内验收完毕。

第16条　检验时，如果质检员无法判定物资是否合格，应立即请技术部门人员等一同验收，会同验收的人员必须在检验记录表内签字。

第17条　质检员执行检验时，抽样应随机化，不得以个人或私人感情为由判定采购物资是否合格。

第18条　质检员必须及时反馈采购物资检验情况，将供应商的交货质量情况及检验处理情况登记于供应商交货记录质量表内，于每月汇总在供应商交货质量月报表内，并反馈给采购部门。

第19条　质检员需根据采购物资的实际检验情况，对检验的方案、程序等提出改善意见或建议。

第20条　质检员应定期校正和保养检验设备，以保证采购物资检验结果的准确性。

第6章　采购物资检验结果处理

第21条　经质检员检验，不合格物资数量低于限定的不合格物资数量时，则判为该批来货允收，质检员应在进料检验报告表上签字，并盖"检验合格"印章通知仓储部门收货。

第22条　若不合格物资数量大于限定的不合格物资数量，则判为该批来货拒收。质检员应及时在验收单上签字，并盖"检验不合格"印章，经相关部门会签后，交仓储部门、采购部门办理退货事宜。

第7章　附则

第23条　本制度由采购部门、质量部门和仓储部门共同制定。

第24条　本制度经总经理审批后实施，修正、废止时亦同。

5.2 采购质量管理的工具、表格

通过设计和运用工具、表格，企业能实现精密的采购质量管理，进而提升管理质量，实现企业质量管理水准的有效提升。

5.2.1 采购质量控制标准模板

××××生态猪养殖场采购质量控制标准

1. 范围

本标准规定了××××生态猪养殖场采购质量控制要求。

本标准适用于对××××生态猪养殖场各类采购物资进行控制。

2. 规范性引用文件

本标准引用了一些文件，引用文件中的条款通过本标准的引用也属于本标准的条款。凡是注明日期的引用文件，其随后所有的修改版（不包括勘误的内容）或修订版均不适用于本标准，然而，鼓励根据本标准达成协议的各方研究使用这些引用文件的最新版本。凡是不注明日期的引用文件，其最新版本适用于本标准。

3. 采购过程

（1）采购物资对本组织产品是否能符合要求有不容忽视的影响，因此应进行采购控制，以确保采购物资在质量、交付和服务等各方面符合规定的采购要求。

（2）采购控制主要包括对采购物资及供应商的控制、制定采购要求和检验采购物资。

（3）采购物资指任何影响本组织产品质量的采购品及过程中的外包项目。例如机械厂采购的钢材、齿轮、模具，炼油厂采购的原油，餐饮店采购的酒类，计算机公司采购的通用软件，旅店的洗衣外包，旅游公司租用旅行车，设计院的设计外包等。

在确定采购物资对本组织产品的影响时，应考虑以下方面。

①对本组织中间产品和最终产品的影响。

②对本组织产品加工过程或服务提供过程等产品实现后续过程的影响。

③直接影响（如对材料、零部件等的影响）和间接影响（如对模具、焊条等的影响）。

④影响的程度（如是否影响到产品正常使用的关键特性或安全性）。对采购物资及其供应商的控制程度取决于上述影响。一般可按规定的分等原则划分其影响的重要级别，对不同级别的采购物资及其供应商实施不同的控制。

（4）根据供应商按照本组织要求提供其能力评价和选择供应商是本组织对采购控制的内容之一。

（5）一般需要评价供应商物资的符合性、供应商提供物资的质量保证能力（包括生产过程、交货时间和交付后的服务等），以及本组织认为必要的其他方面（如价格等）。

例如，对新开发的供应商主要评价内容如下。

①供应商物资质量情况或有关方面的信息（已向其他组织提供同类物资的质量情况）。

②供应商质量管理体系对按要求如期提供稳定质量的物资的保证能力。

③物资交付后由供应商提供相关的服务和技术支持能力（如零部件供应、维修服务等）。

④其他方面（如与履约能力有关的财务状况、价格和交付情况等）。

（6）对现有供应商仍需定期（或不定期）重新评价其按要求提供物资的持续保证能力。当已被评为合格的供应商在提供物资或服务中出现问题时，本组织应有相应措施以保证采购物资持续符合要求，这些措施包括与供应商沟通、加强采购的验证或检验、限制或停止供应商供货。

（7）应对选择、评价和重新评价供应商的准则做出规定。一般考虑评价的内容（如物资质量信息、样品检验、质量管理体系和质量管理状况等），供应商信息调查方式（如现场调查、同行信息、提供证实材料等）、评价方式（指组织内部评价程序），接受其为合格供应商的条件（可以分等级接受），重新评价的时机，内容方式和接受条件等。这些准则应根据前述采购物资对本组织产品影响的重要级别而有差异。评价结果及评价引起的必要的控制措施应予以记录并保存证据。

（8）收集采购物资对实现过程及本组织产品影响的信息。选择、评价和重新评价供应商。记录评价结果和必要措施。

4. 采购信息

采购信息应清楚准确地表达对拟采购物资的要求，即采购要求。适当时包括以下方面。

（1）有关物资的质量要求或外包服务要求。

（2）有关物资的程序性要求，如供应商提交物资的程序（如样品 / 试生产 / 批生产批准程序、见证点设置、放行方式、让步申请等）。供应商生产或服务提供的过程要求（如工艺要求等）。供应商设备方面的要求（如旅行社要求旅店安排房间、机械加工需要数控机床等）。

（3）有关供应商人员资格的要求。

（4）有关供应商质量管理体系的要求。

在就采购信息与供应商沟通前，本组织应采取必要的控制手段确保采购要求是充分和适宜的。采购要求的信息形式可以是合同、订单、技术协议（含技术文件、图样等）、询价单及采购计划等。在与供应商洽谈合同、询价或招标以至发出订货单（包括口头订单）前，一般采用评审或由相应责任人员审批的方式，审查认定采购信息中采购要求的充分性与适宜性。

5. 对采购物资的检验

对采购物资的检验有多种方式，如在供应商现场检验、进货检验、查验供应商提供的合格证等。本组织应根据采购物资的重要程度及验收的必要性规定其检验活动的方式和要求，并严格按规定执行检验活动。如果这项检验活动由本组织或本组织的客户在供应商现场实施，则应在采购信息中规定检验活动的安排，并规定物资放行的方法，方法如下。

（1）证据：采购物资检验的规定。

（2）实施检验活动的结果（如本组织的检验记录及供应商提供的合格证等）。

（3）采购信息（当需要在供应商现场实施检验时）。

5.2.2　样品质量评定表

样品质量评定表如表 5.2-1 所示。

表 5.2-1　样品质量评定表

采购物资样品质量评定表							
编制人		部门		编制日期		编号	
供应商名称		地址					
联系人		电话		传真		电子邮箱	
样品名称		规格型号		单位		数量	
用途							
检测记录							
检测报告编号		检测部门		检测日期		检测人员	
检测标准							
检测结论							
试用记录							
试用部门		试用日期		试用人员		试用物资或项目	
试用情况							
试用评价							
工程师意见				签字		日期	
主管意见				签字		日期	
部门经理意见				签字		日期	

（续表）

总经理审批		签字		日期	

注：本表格主要用于采购物资的样品质量评定，通过对检测情况、试用情况的评定，达到确保采购物资质量的目的，其中具体的审批流程仅供参考。

5.2.3 供应商品质检查记录表

供应商品质检查记录表如表 5.2-2 所示。

表 5.2-2 供应商品质检查记录表

×××有限公司供应商品质检查记录表

评分标准：

评分等级共分为 A、B、C、D、E 5 个等级，每个等级有对应的分值。A 等级分值最高，E 等级分值最低。

A 等级（120~140 分）：公司有完善的管理体系，执行情况良好。

B 等级（100~120 分）：公司有相关的管理体系，能很好地实施和管理，但有待改善或执行不彻底。

C 等级（80~100 分）：公司有相关的管理体系，能较好地实施和管理，但在执行中存在较大风险和较多问题。

D 等级（60~80 分）：公司没有相关的管理体系，有进行初步的管理和控制，但在执行中有很多的问题产生。

E 等级（60 分以下）：公司没有相关的管理体系，没有进行管理和控制。

检查项目（共 28 项，合计 140 分）		评分	检查结果	备注
1. 品质体系（20 分）				
1	是否通过 ISO9001 质量认证体系，并有证书			
2	是否制定了文件化的质量手册和程序文件			
3	是否制定了可量化的年度质量目标指标和行动计划			
4	对质量目标的达成情况，是否定期进行评审			
2. 采购管理（25 分）				
1	是否有供应商的管理制度			
2	是否对涉及品质影响的供应商实施监查，是否对合格供应商进行评审			
3	物料的先进先出是如何实施的			

（续表）

检查项目（共28项，合计140分）		评分	检查结果	备注
4	是否有明确的采购原材料的技术规范、标准			
5	原材料如何实施检验，是否有规定的检验方法和接收准则			
3. 制造工程管理（25分）				
1	是否有各岗位的作业指导书和规范性的文件			
2	对制造工程是否制定控制计划或制作 QC 工程图			
3	是否对人员进行了专门的培训，且人员取得相应的资格			
4	在生产过程中产品的各种标识、状态、存放情况、搬运情况是否清晰明确			
5	是否有制造工程记录			
4. 制造设备管理（10分）				
1	是否制定设备的操作规程、管理规程			
2	有无生产设备的点检记录、维保记录			
5. 制品的储存出货（5分）				
1	制品的包装、防护、储存是否有规定，并按照规定实施			
6. 标识和可追溯性（10分）				
1	是否将各区域的原材料、半成品、成品进行状态标识			
2	指定批号的制品，如何追溯其原材料、工艺记录、中间体等			
7. 变更管理（10分）				
1	是否有工程变更程序，并规定变更的要求和项目			
2	对于变更实施前后是否能进行有效的追溯和清晰明确的标识			
8. 检查及试验装置的管理（20分）				
1	是否有检验仪器设备的操作规程、管理规程			
2	有无测试仪器、设备的点检记录、维保记录			
3	有无仪器设备台账			
4	有无计量器具周期检定计划表及计量合格证			

（续表）

检查项目（共 28 项，合计 140 分）		评分	检查结果	备注
9. 不合格品的管理（5 分）				
1	是否有不合格品处理相关管理程序			
10. 客户投诉管理（10 分）				
1	是否有客户投诉处理程序			
2	是否对投诉处理结案后形成的对策进行跟踪验证			
合计				

5.2.4 物料验收记录表

物料验收记录表如表 5.2-3 所示。

表 5.2-3 物料验收记录表

工程名称：　　　　　　　　　　　　　　　　　　编号：

供货单位		物料名称	
规格型号		进场数量	
品牌（产地）		进场日期	

序号	检验 / 试验项目	标准要求	检查情况
1	包装检查	合同要求	□是　□否
2	外观是否破损	合同要求	□是　□否
3	颜色是否符合要求	合同要求	□是　□否
4	规格型号、外观尺寸是否符合要求	合同要求	□是　□否
5	基本参数是否符合要求	行业标准 / 合同要求	□是　□否
6	进场数量是否符合要求	合同约定	□是　□否
7	是否满足其他要求	合同约定	□是　□否

综合评定结果：

□合格　　　　　　　　　　□不合格

质检员：　　　　　　　物料部门：　　　　　　　质量部门：

5.2.5 采购质量管理体系采购部内部审核检查表

采购质量管理体系采购部门内部审核检查表如表5.2-4所示。

表5.2-4 采购质量管理体系采购部门内部审核检查表

受审核部门：　　　　编制人/日期：　　　　审核日期：　　　　批准人/日期：

审核准则：ISO9001、ISO14001、OHSAS18001、体系文件、适用法律法规　　　审核员：

一体化条款	一体化管理体系要求			检查内容	是否适用	参考文件	检查方法			检查结果记录
	ISO9001条款	ISO14001条款	OHSAS18001条款				提问	文件查阅	现场检查	
内容	4.2.3 文件控制	4.4.5 文件控制	4.4.5 文件控制	相关文件是否齐全，文件是书面形式还是电子形式			与受审核部门相关的文件有多少 是否有效 电子形式文件的使用是否有效			
				查询相关文件的途径			有否规定查询相关文件的途径 文件是否便于查阅 文件的查找是否方便 文件的保管是否有效			
				外来文件的控制			是否对外来文件的管理、收集、审查、批准、归档、发放、使用、评审、更新、补充和作废等做了规定 执行得如何			

（续表）

一体化条款	一体化管理体系要求			检查内容	是否适用	参考文件	检查方法			检查结果记录
	ISO9001条款	ISO14001条款	OHSAS18001条款				提问	文件查阅	现场检查	
内容	4.2.4 记录控制	4.5.3 记录	4.5.3 记录管理	是否有对记录进行管理的程序			程序中是否对记录的标识、收集编目、归档、保存、维护、查阅、处置等管理内容做了规定			
							与受审核部门有关的记录有哪些			
				记录管理的实况			对记录的标识、储存、检索、保护是否与书面程序的要求一致			
							记录是否填写正确、字迹清楚			
							储存后是否便于存取和检索			
							记录是否对相关活动、物资和服务有可追溯性			
							能否从记录/信息中求取相应信息			

（续表）

一体化条款	ISO9001条款	ISO14001条款	OHSAS18001条款	检查内容	是否适用	参考文件	检查方法 提问	文件查阅	现场检查	检查结果记录
内容	5.4.1 质量目标	4.3.1 环境因素	4.3.1 危险源辨识、风险评价和风险控制	如何进行环境影响评价			是否对部门内的环境因素进行识别和评价			
				环境因素能否及时更新			有无更新信息的规定；是否按规定实施更新			
				涉及的分解目标有哪些，实现情况如何			查部门质量目标分解及考核规定；按时间段检查分解质量目标实现情况；判定数据分析、统计方法的合理性、有效性			
				是否建立了危险源辨识、风险评价和风险控制策划的程序			是否对部门内的危险源进行辨识；危险源是否符合风险评价和风险控制策划的要求；是否考虑到对其施加影响的相关方会带来的职业健康安全风险			
	5.5.1 职责和权限	4.4.1 组织结构与职责	4.4.1 资源、作用、职责和权限	有关职责、权限如何达到岗位的			部门、各类人员的职责、权限及相互关系是如何传达的			
	5.5.3 内部沟通	4.4.3 信息交流	4.4.3 沟通和协商	是否制定了协商和交流的程序			外部人员获得管理方针的途径和方法是否可行，是否方便			
				内部协商的内容；协商和交流的记录			员工是否参与质量、环境、职业健康安全方针的制定、修订、评审；重大投诉、事故的外部信息有无适当处理和记录			

（续表）

一体化条款内容	一体化管理体系要求 ISO9001条款	ISO14001条款	OHSAS18001条款	检查内容	是否适用	参考文件	检查方法 提问	文件查阅	现场检查	检查结果记录
内容	7.4采购			组织如何选择和评价供应商；是否明确了对供应商控制的方式和程序；是否对评价的结果和跟踪措施予以记录			是否有选择、评价、重新评价供应商的准则和文件			
							是否组织对供应商进行评价；是否有选择和评价供应商的记录			
							是否有合格供应商名册；是否保存有合格供应商的记录；是否定期对合格供应商进行评价			
							供应商质量下降时，是否采取纠正措施或做必要的更换			
	8.3不合格品控制		4.5.2合规性评价	采购文件是否说明了采购信息；采购文件是否对其规定要求的适宜性进行了评审			采购文件是否写明物资的类别、型号或其他信息			
							采购文件是否写明了验收的要求			
							采购物资的规范有更改时，是否在采购文件上有说明，是否有效			
				如何进行不合格品的处置			不合格品处理记录是否符合要求			
							不合格品是否按规定标识			
							不合格品是否按规定隔离			

（续表）

一体化条款	一体化管理体系要求			检查内容	是否适用	参考文件	检查方法			检查结果记录
	ISO9001条款	ISO14001条款	OHSAS18001条款				提问	文件查阅	现场检查	
内容	8.3 不合格品控制	4.5.2 合规性评价		是否建立了对环境不符合情况进行处理的文件化程序			是否对不符合的原因进行调查			
							是否明确要求针对不符合的原因采取防止再发生的纠正措施			
				不符合情况的调查和处理是否得到实施			对发生的不符合情况是否采取了紧急应变措施			
							对已发生的不符合和潜在不符合情况是否进行了调查？采取了怎样的措施			
							是否有事故、健康事件发生			
				是否建立了事故、事件、不符合情况的调查和处理程序			是否按规定对事故、事件、不符合情况进行应急处理			
							是否包含对事故、事件、不符合情况进行调查的记录			
							是否针对事故、事件、不符合的原因采取防止再发生的纠正措施			
				对事故、事件、不符合情况的调查和处理程序是否得到实施			对发生的事故、事件、不符合情况是否采取了紧急应变的措施			
							对已发生的事故、事件、不符合情况如何、结果如何，采取了怎样的措施			

（续表）

一体化条款	一体化管理体系要求			检查内容	是否适用	参考文件	检查方法			检查结果记录
内容	ISO9001条款	ISO14001条款	OHSAS18001条款				提问	文件查阅	现场检查	结果记录
	8.5 改进	4.5.2 不符合、纠正与预防措施	4.5.2 合规性评价	纠正和预防措施的管理			如何确定合适的纠正和预防措施并实施			
							怎样确保纠正和预防措施的可行性及不产生新的环境影响、职业健康安全风险			
							是否对纠正和预防措施的有效性进行了跟踪评审，有无记录			
				突破性改进目的管理			如何识别改进的机会			
							如何建立改进组织，制定改进计划			
							如何进行原因分析，确定改进措施			
							如何对改进措施进行验证、措施是否有效，有无记录			
				纠正和预防措施的管理			如何收集、分析各种质量，环境职业健康安全信息，以确定不合格或潜在的不合格物资			
							如何确定不合格或潜在不合格的原因			
							是否对评价纠正和预防措施的需求，以确保纠正和预防措施与所遇问题的影响程度以及面临的环境影响、职业健康安全风险相适应			

注：
（1）文件查阅会记录的查阅。
（2）"检查结果记录"栏：符合的"○"，轻微不符合的"△"，严重不符合的"×"（有不符合时要记录证据，并要求受审核部门当事人签字确认）。

5.2.6 物料采购环境表

物料采购环境表如表 5.2-5 所示。

表 5.2-5 物料采购环境表

序号	物料				采购环境															采购环境容量总和	备注
	物料编码	名称	型号	年需求量	单位	供应商一				供应商二				供应商三							
						比例	价格	期限	认证合同	比例	价格	期限	认证合同	比例	价格	期限	认证合同				
1																					
2																					
3																					
4																					
5																					
6																					
7																					
8																					
合计																					

制表		核准		开发工艺:	管理计划:	认证订单:		批准	
日期			制定部门		任务来源编号/说明		部门来源	日期	
采购认证编号									

5.2.7 采购物品验收表

采购物品验收表如表 5.2-6 所示。

表 5.2-6 采购物品验收表

编码：   编号：

使用部门负责人		材料员 / 保管员		验收时间	
物品名称	验收内容	数量	验收人签字	不合格情况	解决意见

注：本表一式两份，使用部门负责人一份，材料员 / 保管员一份。

5.2.8 物品检验报告单

物品检验报告单如表 5.2-7 所示。

表 5.2-7 物品检验报告单

编号：＿＿＿＿＿＿＿＿＿　　　日期：＿＿年＿＿月＿＿日

订单编号		商号			供应商代码			验收日期	
借方科目		贷方科目			入库单位		需求日期	交货日期	
件号	品名规格	厂牌	单位	收货数	单价	金额	拒收数	拒收数现状	本订单未交量	再交	不交

合计			打卡（1）（2）	

人民币（大写）：＿佰＿拾＿万＿仟＿佰＿拾＿元整　　　发票号码

使用部门			用途	

备注		收货主管		验收人		检查人		编制人	

第6章
如何做好采购运输与库存管理

在大多数企业的运行中，采购运输与库存管理所产生的费用，是采购成本中的重要部分。熟悉采购运输与库存管理的基本原则，了解其经济性与定价等，有助于企业实现高效采购管理。

6.1 实现采购运输与库存管理的价值

做好采购运输与库存管理，企业能更有效地进行采购、配送和生产。同时，采购运输与库存管理，也可以通过从传统方式转向以定制化、周转率和移动为特征的作业节约采购成本。

6.1.1 采购运输管理和库存管理的价值

1. 采购运输管理的价值

采购运输管理，是对采购物料运输过程的管理。由此能确保采购物料按时到厂，并采取措施减少运输过程中意外情况的发生，减少运输费用。

采购运输管理能使采购人员明确采购运输费用的构成，其价值主要体现在以下费用的减少。

（1）直接人工费用。

降低支付给司机和助手的工资，包括司机和助手在其所驾驶车辆保养和作业期间的工资、奖金、津贴以及福利费用。

（2）直接材料费用。

减少物料运输过程的直接材料费用，即营运车辆所耗费的各种燃料费用，以及其所耗用的外胎、内胎、垫带、轮胎翻新费用和零星费用等。

（3）营运间接费用。

减少企业基层部门为管理组织和采购运输所产生的营运费用，包括修理费、劳动保护费、差旅费、水电费、补贴费用、办公费用等。

（4）其他费用。

减少营运车辆保养修理费、营运车辆折旧费、营运车辆养路费以及其他费用等。

除了直接减少采购成本外，采购运输管理能强化采购人员及相关部门成本节约意识，并将之作为企业的文化而保留传承。同时，采购运输过程中难免会出现问题和不合理现象，通过在采购运输管理中采取适当措施进行处理，就能避免因问题的存在而造成的采购运输费用增加，并减少不合理的现象。

2. 库存管理的价值

凡是处在储存状态的物料，都可以称作库存物料，简称"库存"。库存管理即对库存物料的管理。根据企业库存管理内容不同，库存管理可以体现出以下 4 种价值。

（1）周转库存。

对周转库存的管理，能衔接供需，缓冲供需之间在时间上的矛盾，满足客户日常的需求。

（2）保险库存。

对保险库存的管理，能防止由于不确定性因素（如突发性大量订货或供应商延期交货）影响订货需求。根据资料显示，对保险库存的管理约占部分企业库存管理工作的 1/3 左右。

（3）季节性库存。

对季节性库存的管理，能满足特定季节中出现的特定需求，或者能对季节性商品在其生产季节进行大量收储。

（4）加工和运输过程库存。

对加工和运输过程库存的管理，可以保证处于流通加工或等待加工环节、运输状态或待运输状态的采购物料处于良好状态，并降低采购成本。

此外，库存管理能避免因物料价格上涨、品质变化而造成的损失。

库存管理不仅为采购服务，也为生产服务。生产线一旦启动，就需要源源不断的原材料、零部件、设备和工具等，没有正常的库存管理，物料供应就会随时停止，生产线也会停止，这将使企业造成巨大损失。无论是企业的生产、产品的流通还是客户的消费，都离不开库存管理。

总体来看，库存管理能避免企业资金的积压或浪费，稳定企业操作水准，促进企业生产，使企业资本有效运用。库存管理的价值，就在于通过科学而巧妙地运行，做到既保障供应，又降低成本、平衡目标。

6.1.2 采购运输管理和库存管理的重点与难点

1. 采购运输管理的重点

采购运输管理的工作重点包括以下方面，如表 6.1-1 所示。

表 6.1-1 采购运输管理工作重点

阶段	工作重点
准备阶段	分析采购运输要求 组建采购运输系统
开展阶段	组织制定运输计划 择优选取运输方式 择优选取运输服务商
管理、监督阶段	督导技能培训过程 合理控制运输成本 督导运输管理过程 评估改善管理过程

通过表 6.1-1 可知，想保证采购运输管理工作有效实施，重点不仅在于前期的准备，建立合理的采购运输系统。同时，需要制定准确的运输计划，对采购人员进行相关培训，增强采购人员的督导技能，保证采购运输过程顺利进行。

2. 采购运输管理的难点

充分理解采购运输管理的工作重点后，采购部门应考虑"如何做"与"如何管"两大难点。采购运输管理工作难点"如何做"的内容及说明，如表 6.1-2 所示。

表 6.1-2　采购运输管理工作难点"如何做"

内容	说明
完成职责划分	完成采购运输管理过程的职责划分，明确各自的职责内容
建立管理流程和标准	指导建立采购运输管理的流程和标准，规范运输管理行为
建立采购运输管理系统	使采购运输管理过程系统化，以便管理工作开展
制定合理的运输计划	组织采购人员制定合理的运输计划，综合考虑各个关键因素
获取合理的运输方式	综合考虑物料的性质、数量、运输距离、价格、时间效益等情况
选择适宜的运输服务商	选择适宜的运输服务商，保证物料运送的时间和物料的质量，降低物料延期交付、丢失及损坏等风险

采购运输管理工作难点"如何管"的内容及说明，如表 6.1-3 所示。

表 6.1-3　采购运输管理工作难点"如何管"

内容	说明
培训员工的运输管理技能	通过技能矩阵，了解员工技能缺陷，有针对性地进行培训
开展采购成本控制工作	指导采购人员通过适当方法控制采购成本
督导采购运输管理过程	对采购运输管理过程进行监督，及时了解管理效果，并采取措施进行考核
改善采购运输管理过程	采用科学的方法评估采购运输管理工作实施效果，采取措施对采购运输管理过程中的不足进行改善

3. 库存管理的重点

（1）改善物料搬运效率。为确保物料合理搬运和储藏，必须强调时间观念，改善物料搬运效率和库存状态，使之完美结合并达到效果。

（2）缩短物料供应周期。利用库存管理细节措施，缩短从订货到物料进场的时间，即将物料订货、交货之间的时间缩短，减少为供应周期准备的预备库存量。

（3）避免物料陈旧。在库存管理中，了解各种物料的特性，分别针对其特性采取相应的保管方法。对容易风化、生锈、破碎及体积较大的物料要尽量减少库存量，在必要时采购。

（4）有效利用工厂面积和仓库面积。在有限场地、厂房内，防止多余物料或堆放物料造成的拥挤。为确保这一点，应采用立体储藏方式，提高储藏效率。

（5）严格执行财务制度的规定，使物料购买卡、领用卡、存货卡信息一致。对货到发票未到的物料，月末应及时办理暂估入库手续，使账与物相符。

（6）采用 ABC 管理法，降低存货库存量，加速资金周转。其中 A 类存货为重要存货，品种占全部存货的 10% ~ 15%，资金占存货总额的 80% 左右，对其实行重点管理。B 类存货为一般存货，品种占全部存货的 20% ~ 30%，资金占存货总额的 15% 左右，对其适当控制并实行日常管理。C 类存货品种占全部存货的 60% ~ 65%，资金占存货总额的 5% 左右，对其进行一般管理。利用 ABC 管理法分类后，库存管理能抓住重要存货、控制一般存货，并制定较为合理的采购库存计划，有效控制存货库存量，减少储备资金占用，加速资金周转。

（7）充分利用集成的业务信息管理（ERP）系统等先进管理模式，实现存货资金信息化管理。利用类似系统确保人员、资金、物料、商品、供应、销售等因素被全方位、科学、高效地集中管理，最大限度堵塞漏洞并降低库存量。

4. 库存管理的难点

结合目前企业库存管理的实际情况，库存管理难点主要集中在以下方面。

（1）获取库存信息。

在企业运行过程中，应尽量及时获知各种物料当前库存信息。但由于企业所需物料种类多、数量大，需要进行仔细核算。在库存管理中，及时获知并准确核算物料库存情况，不仅费时，也容易出错，从而影响企业整体的有效运转。

（2）库存信息准确性。

在库存管理过程中，需要根据各种送货单、退货单、收料单、发料单、领料单和退料单进行物料入库、出库搬运，并随时修改库存信息和借条、欠料信息，以便反映库存情况。

目前库存管理中主要难点在于物料种类多、数量大，导致库存记录和实际库存时常不完全一致，因此需要通过盘点对差错予以纠正。

（3）发料和生产用料情况。

生产计划开始执行后，由于物料与生产线的复杂关系，为各配料点送料时，经常会缺少发料、用料记录和相关信息，导致发料、用料出现混乱，无法了解发料和生产用料的实际情况。

6.1.3 采购运输管理制度模板

××××××公司采购运输管理制度

1. 采购运输管理制度制定目的及适用范围

为规范公司物流运输作业流程，节省运费成本，提升管理水平，加强运输外包过程控制，针对公司外包运输作业，特制定本制度。

本制度适用于公司所有货物运输作业。

2. 职责与权限

（1）运输服务采购员负责确定合格的运输企业，此运输企业必须有相关运输资质，运输服务采购员定期对其进行评价，并对运输过程实施监控。

（2）运输服务采购员通过市场价格的比较，制定公司运输费用的价格方案，上报公司领导进行批准。

（3）运输服务采购部门协调公司与运输企业之间的矛盾纠纷，协商处理运输过程中的理赔、违约、处罚等事宜。

（4）运输管理员向工程部门确认交货的时间，提前做好车辆安排，并具体安排车辆装货。

（5）运输服务采购员合理计划所需车辆的吨位及长度，节约运输成本。

（6）运输服务采购部门负责与运输企业进行运输合同的签订及运费结算工作。

3. 运输企业的选择

（1）运输管理员根据公司货物运输特点，选择合适的运输企业，对比3家，择优选用，将初选方案上报采购经理审核。

（2）运输管理员负责对运输企业的资质进行审查。

（3）运输管理员根据审查结果，向采购经理提交审查报告。采购经理最终确定合格运输企业。

（4）运输企业的选择原则。应选择公司化运行、具备一定实力的运输公司或配载公司，有自己的营运车辆，杜绝个人承包行为，以提升运输保障能力和抗风险能力。

（5）运输管理员负责运输合同的起草，采购经理负责审核，最终报总经理核准。

4. 货物运输作业流程

（1）发货审批。运输管理员根据工程部门的发货通知，通知库管及生产部门进行货物的准备工作。

（2）调度车辆。运输管理员汇总发货单后，根据工程部门要求的交货时间安排，提前1天通知运输企业准备营运车辆，按时到公司仓库进行装货。

（3）仓库发货。库管根据审批手续齐全的出库单发货，运输管理员应当协助库管清点所发货物的数量、规格，保证零差错。

（4）装运发车。运输管理员根据库管所提供的货物发货单，标明货物规格、数量、到达地点和收货人，并将货物发货单交给运输人员。

（5）货物发出。运输管理员将库管开出的车辆放行条递交行政部门，行政部门对货物种类及数量核实后放行。

（6）及时卸货。货物发出后，运输管理员及时通知工程项目负责人，将货物的相关信息及预计到货时间告知工程项目负责人，便于工程项目负责人提前做好卸货准备。

（7）收货证明。卸货完成后，工程项目负责人应对所收货物进行清点，并签收货单，确认所收货物的完整性，运输管理员留存相关签收单据。

（8）意外事件处理。在运输过程中，如遇到货物丢失、缺少、污染、损坏等情况，运输管理员应进行登记，并通知库管与工程项目负责人，一同处理善后事宜，评估损失，制定理赔方案。

（9）运输款支付。月末 25 日轧账后，运输管理员通知运输企业将运输清单汇总。运输管理员将运输清单交与库管核对收货记录，核对无误后与运输企业签署运输合同，按照合同约定付款方式进行运输款支付。

6.1.4　库存管理制度模板

××× 销售企业库存管理制度

为确保企业仓库库存商品账务清晰、账账相符、账实相符，明确商品管理责任，加强商品安全，防止商品损失，特制定本制度。

1. 库存商品管理范围

库存商品管理范围包含存放在仓库的商品、办公用品、产成品、门店样品、因特殊原因经批准借出的商品、返厂维修或换货商品等商品以及已办理退厂手续并下库但尚未运输的商品，客户已交款尚未提货或送货的商品、寄放商品等有实物但所有权不属于公司的商品。

2. 仓库保密制度

（1）仓库未经相关领导批准，无关人员不得擅自进出。

（2）库管必须对核算软件加设密码。

（3）库存商品的成本价格、供应商信息、销售等情况必须保密，不得随意泄露。

3. 库存商品管理的要求

（1）必须对所有库存商品建立仓库卡片账，落实使用情况、责任人，并且分部门核算。库管应对库存商品的进出认真登记，以动态地、准确地反映仓库库存商品的变化情况。

（2）对商品采购必须由申请人填写采购申请单，由总经理、财务人员、经办人员签字，董事长审批。

（3）库管必须对所有库存商品进出认真登记，入库需要按供应商送货单中商品的品名、规格、型号验收实际数量，并填写出入库单据，由总经理、财务人员、经办人员签字。入库时，如有不合格的商品需对其停止入库并向上级领导报告，等候上级领导指令处理。入库后，要及时按照同类商品进行分类叠放，方便查找。

（4）相关部门领出商品、办公用品等需要按品名、规格、数量填写领料单，并由经办人员、库管签字。库管必须登记领用情况，以动态地、准确地反映仓库库存商品的变化情况。

（5）卖场人员按照自身判断，可以上调走势较好的商品，并填写申领单，由申领人、财务人员、卖场主管签字。申领人要保管好领用商品，如出现损失，由申领人按售价赔偿。

（6）凡本企业作为促销送给客户的商品，一律按赠品流程进行管理，仓库和门店视同商品进行保管，承担实物保管责任，不得随意发放赠品。商品盘点时，赠品单独编制盘点表，并在盘点表上注明"赠品"字样。对私分、瓜分赠品的人员给予开除处分。

（7）仓库所有的库存商品出入库必须有单据支持，库管应于当日下班前根据单据登记进销存明细账，如因特殊原因无法完成时，将未入账的有关单据如收货单、领料单、退料单等于次日上午下班前完成登记。

4. 盘点核查制度

（1）账物核对。库管必须不定期抽查商品实物数量是否与信息系统仓库或进销存明细账的账面数量相符。同时每月应核对仓库进销存明细账与财务库存账是否相符。发现问题落实责任人，并提出整改措施。如有重大问题、异常情况应以书面形式及时向领导汇报。

（2）要求卖场人员、卖场主管每天进行实物件数的盘点，并填写盘点表，盘点人员及监盘人员在盘点表上签字。

（3）卖场人员盘点实物后需和库管进行领用核对，如出现卖场实物短缺，由卖场主管赔付商品成本的50%，当天所有当班人员共承担50%。如盘盈商品，由相关人员负责查出原因，如找不到原因，由领导签字按照同类商品实际成本入账。

（4）未经领导批准，任何部门、任何人员无权私自将企业商品借给其他单位、个人或将商品借给企业内部部门或员工使用。未经最后一道环节审批，任何部门、任何人员无权私自将企业有问题的商品变卖处置，否则视同挪用企业资产处理，除追究经济责任外，对直接经办人给予开除处分，直接上级承担连带管理责任。处置相关资产需填制资产处置申请表，必须经总经理、财务人员、库管签字，董事长审批后存档。

（5）全面盘点。按企业要求，仓库要每月进行商品全面盘点，盘点时采用见物盘物方式，盘点要求严格按企业盘点制度执行。

5. 仓库价签及条码管理

（1）库管如需调整商品价格，应填写商品调价申请单，并及时录入计算机，保持信息的一致性。

（2）库管要随时更新商品条码价格，做到扫码价格和现有售价一致。

（3）条码上面人民币金额与美元等外币换算金额必须一致，如出现差错由相关责任人及相关领导承担责任。

6. 库管应对供应商货款进行统计、支付

（1）库管要每天统计供应商应付账款、实付账款、未付账款数量，并填制报表签字后交由财务人员审核。

（2）支付供应商货款时，应有库管填制付款通知单，并附上相应单据，由总经理、财务人员、经办人员签字。

7. 仓库负责人交接管理

凡仓库或实物负责人离职、调动，人力资源部门必须在离职、调动前1个星期通知财务部门，由财务部门和该部门负责人共同派人进行实物监盘，交接双方必须同时在盘点表上签字。盘点完毕，由财务部门核对账存实存数，如果有差错，由原实物负责人负责查找落实，如有损失，由其承担。对未进行实物和账务交接的实物负责人公司不予办理离职、调动手续。

8. 商品差错和损失处理

（1）仓库相关人员必须严格按相关程序和制度操作，如因工作不认真、不细致，不严格按程序和制度操作导致少收、错收、多发、重复发、错发等商品短少损失，一律由实物负责人承担，仓库直接上级根据责任大小承担连带管理责任，并按企业奖惩制度进行处罚。如违法违章，导致企业商品受损或流失，根据情节轻重，追究经济责任和行政责任。

（2）盘盈存货按照同类存货的实际成本作价入账。

9. 库存商品结构管理

凡企业库存商品均是企业流动资产，占用企业的流动资金，库存商品的结构合理与否、适销率的高低均直接影响企业存货及库存商品的周转速度快慢，进而影响企业经营质量的好坏。在业务经营过程中，各相关部门包含销售部门及其他部门必须紧密配合，及时解决经营过程中存在的库存商品结构管理问题。

10. 附则

（1）本制度由企业财务部门负责解释。

（2）本制度施行后，凡既有的类似规章制度或与之相矛盾的规定即行废止。

（3）本制度经董事长批准后自颁布之日起执行。修改时亦同。

6.2 采购运输管理与库存管理的工具、表格

没有工具和表格，采购运输管理与库存管理的效率和水平难以提升。在相关管理工作中，不仅要重视自动化信息系统的应用，也应将之同传统工具和表格充分结合，做到科学、及时、迅速地体现实际情况，协调运输与库存资源，保证管理质量。

6.2.1 库存管理入库单

库存管理入库单如表 6.2-1 所示。

表 6.2-1　库存管理入库单

供应商：　　　　　仓库：　　　　　入库日期：　　　　　入库类别：

到货单号：　　　　入库单号：

序号	存货编码	存货名称	规格型号	单位	送货数量	点收数量	订购单号	备注

验收主管：　　　　验收人：　　　　收货部门：　　　　编制人：

注：此入库单共 4 联，将白、黄联交仓库做账，将红、绿联交采购部门对账后转交财务部门，财务部门结算后，将红联交采购部门存档。

6.2.2　库存商品月周转速度统计表

库存商品月周转速度统计表如表 6.2-2 所示。

表 6.2-2　库存商品月周转速度统计表

库别：＿＿＿＿＿　　　　　　日期：＿＿＿＿年＿＿＿＿月＿＿＿＿日

统计日期：＿＿＿＿年＿＿＿＿月＿＿＿＿日—＿＿＿＿年＿＿＿＿月＿＿＿＿日

单位：次 / 期间（月）

商品名称	单位	周转量	日均库存量	周转速度	周转天数	月周转率

6.2.3　滞件 / 滞车处理表

滞件 / 滞车处理表如表 6.2-3 所示。

表 6.2-3　滞件 / 滞车处理表

类别：滞件□　滞车□　　　　　　　　　　　　年　　月　　日

名称及规格型号	数量	单位	金额	存放地点	入库日期

（续表）

名称及规格型号	数量	单位	金额	存放地点	入库日期
合　计					
滞存原因及状况					
质检结论及建议					
审计结论及建议					
拟处理方式			估计损失		
批准	财务部门核准		财务部门审核		

仓储部门负责人：　　　　　　　　编表人：

注：本表如反映滞车情况，则一式三份，仓储部门留存一份，另两份分报销售经理、财务经理。本表若反映滞件情况，则一式四份，配件库留存一份，另三份分报售后服务中心财会室主管、综合服务部经理、通用配件经销部经理。

6.2.4　出库单

出库单如表 6.2-4 所示。

表 6.2-4　出库单

编号：

日期		申请部门						领用类别	
领料人		负责人						库管	

物品名称	单位	数量	单价（元）	金额							用途
				万	仟	佰	拾	元	角	分	
合计											

6.2.5 库存盘点表

库存盘点表如表6.2-5所示。

表6.2-5 库存盘点表

制表日期： 年 月 日　　单位：元

序号	品名	单位	规格	单价	上月库存		本月购进		本月消耗		月末实存		备注
					数量	金额	数量	金额	数量	金额	数量	金额	
1													
2													
3													
4													
5													
6													
7													
8													
合计													

负责人：　　　　　　　　核准：

6.2.6　产品库存日报

产品库存日报如表 6.2-6 所示。

表 6.2-6　产品库存日报

年　月　日

单位：　　　　　　　　　　　　　　　　　　　　　　　　　　　　　　制表：

品名及规格型号	色别	上日入库	上日出库	库存结余	品名及规格型号	色别	上日入库	上日出库	库存结余

6.2.7 铁路运输货物清单

铁路运输货物清单如表6.2-7所示。

表6.2-7 铁路运输货物清单

发站： 货票第_____号

货物编号	包装	详细内容			件数或尺寸	重量	价格
		物品名称	材质	新旧程度			

托运人（签字或盖章）： 年 月 日

6.2.8 汽车运输货物运单

汽车运输货物运单如表 6.2-8 所示。

表 6.2-8 汽车运输货物运单

起运时间		约定到达时间				运单编号	
发货人（单位）		承运单位			司机		电话
发货人	地址	承运车辆车号			装货地点		
收货人	到站地址	电话			卸货地点		
货物名称	批次或规格	包装	件数	毛重（吨）	运输单价（元）	备注：	
到站仓库签章				到达时间			
发运人签字	付款人	承运人签字		收货数量			

6.2.9 水路运输货物运单

水路运输货物运单如表 6.2-9 所示。

表 6.2-9 水路运输货物运单

船名航次			起运港			到达港						承运人（盖章）		收货人（盖章）		
托运人	全称		收货人			全称										
	地址、电话					地址、电话										
	银行、账号					银行、账号										
						托运人确定		计费重量			费率	金额	应收费用		
发货符号	货号	件数	包装	价值	重量（吨）	体积（长、宽、高）（m）	重量（吨）	重量（吨）	体积（m³）	等级			项目	费率	金额
													运费		
													装船费		
合计															

（续表）

物约事项	运到期限（或约定）	托运人（盖章）年 月 日	承运人（盖章）	总计	
				核算员	
				复核员	

注:

（1）此货物运单主要适用于江、海干线和跨省运输的水路货物运输。

（2）水路货物运单、货票一式六份。顺序如下。

第 1 份: 货票（起运港存查联）。

第 2 份: 货票（解缴联）起运港→航运企业。

第 3 份: 货票（货运人收据联）起运港→托运人。

第 4 份: 货票（船舶存查联）起运港→船舶。

第 5 份: 货票（收货人存查联）起运港→船舶→到达港→收货人。

第 6 份: 货物运单（提货凭证）起运港→船舶→收货人→到达港存。

（3）除另有规定者外，属于港航分管的水路运输企业，由航运企业自行与托运人签订货物运输合同的，均使用航运企业拾头的水路运输货物运单。

（4）货物运单联需用厚纸印刷，货票各联用薄纸印刷，印刷墨色应有区别。

（5）委印控制号码或固定号码。

（6）到达港收费的，应另开收据。

第 7 章

如何做好采购成本控制

如今的企业，不外乎从 3 个方面获得竞争优势：技术、市场与成本。

由于行业竞争激烈，企业非常关注采购成本能否降低，这也是绝大多数企业对采购工作的关注点，采购供应链成本占据制造企业成本的 50%～80%，这必然成为降本增效的重中之重。所以，做好采购成本控制至关重要。

7.1 采购成本控制的要点与重难点

采购人员应高度理解采购成本控制的重要性，这是因为制造企业在原材料、零部件、机器设备上花费的采购金额，平均占总销售额的 50% 以上，部分企业的占比甚至高达 70% 以上。因此，采购成本必然成为企业成本管控的重点对象。

7.1.1 采购成本控制的要点与内涵

采购成本的重要性如何与采购的重要性画上等号？如何让企业经营者及相关的职能人员真正理解采购成本控制及采购职能管理的重要性，从而投入更多的时间和资源，这需要重点分析采购成本控制与企业业绩之间的直接关联关系。

无论在哪个行业，采购成本降低，都会提高企业经营业绩。尤其对采购成本占比高的企业而言更是如此。采购成本占总成本的比例越大，降低采购成本对产品利润的贡献就越大。

因此，在有经验的管理者看来，采购部门不仅仅是产生成本的部门，更是企业利润来源的中心，做好采购成本控制对企业意义重大。

采购成本控制除了对销售业绩有影响外，也是企业发展战略与竞争力的体现。

采购成本控制对企业经营管理的意义毋庸置疑。采购成本控制得好，企业就能盈利；采购成本控制失败，企业就会亏损。对于当今很多企业来说，采购成本控制的效果更意味着企业在管理上的文化素养，采购成本控制能力也是企业供应链竞争力的重要组成部分。

7.1.2　采购成本控制的重点与难点

采购成本的竞争优势愈趋明显，采购人员成本降低与管控（成本能降低则降低，否则重点管控）的渠道愈多，但很多企业采购成本降低效果一直很不理想，无数采购人员和企业都被困于同一个问题：每年都在降低成本，但还是降不下来，为何？其实可以从企业内外两方面来看。

1. 企业缺乏系统的采购战略

如果市场采购价格已经确定，是否意味着企业就难以建立采购成本优势？

当然不是。正如戴尔等强大的 PC 企业，即使英特尔、英伟达这些供应商十分强势，戴尔仍然能在采购成本上获得巨大优势。其原因就在于，降低采购成本是一个系统工程，需要从采购战略出发，系统地构建采购运营管理系统，实现与供应商无缝对接，进而构建富有竞争力的采购商与供应商之间的关系总价值。

同时，规划并设计产品形成过程中的诸多成本要素：设计、采购、生产、工艺、品质、物流仓储与配送。关注企业总成本降低情况。否则，单一战术层面降低成本的结果是能降低采购价格，但短视决策却可能带来质量风险和更多的运营成本，正所谓"按下葫芦浮起瓢"。

2. 企业谈价能力与策略能力有限

目前来看，大多数企业的大部分采购人员的技能，都是通过摸爬滚打提升的，说团队完全缺乏采购技能不客观，但缺乏系统的采购知识与职业训练的情况是普遍存在的。一方面每次团队成长都要支付"学费"，另一方面企业在成本管理上缺乏技能与方法支持导致采购成本增加。于是，在成本改善方面，采购人员不仅缺乏短期内实现成本业绩的能力，而且也缺乏持续进步的能力。

针对不同的供应市场有不同的采购运营策略，即采购人员需要根据采购商与供应商之间的最优化经济关系，运用有差异化的采购策略与采购方法，在对供应商的经济状况和贸易推动力有最优化理解的基础上找出成本解决方案。垄断市场与完全竞争市场的竞争差异必然带来采购运营策略、采购方案、关系手段等方面的差异。

在采购团队系统技能缺乏的前提下，企业的谈价能力自然有限，策略能力也无法满足需要，难以将采购价格控制在合理的区间。

此外，即使企业谈价能力再强，也不意味着采购价格可以无限降低。杰出的谈价能力，只是确保采购价格合理。但采购价格最终仍由市场供求关系确定，在不同的供应市场环境下，采购价格的谈价空间也不同。

如果是在垄断市场，由于市场被一家供应商把控，即使供应商的利润很高，企业也难以通过谈价降低采购价格。与之相对的，如果是在完全竞争市场，企业则可以对多家供应商的价格进行比价，从而有效控制采购价格。

因此，有时采购价格降不下来，并非因为企业的谈价能力不强，而只是因为市场供求关系已经决定了企业能拿到的最低采购价格。

7.2　采购成本控制的工具、表格

要做好采购成本控制，除了在思想和理论高度将其做好之外，也要将更多的细节落实在具体的行动中。可以利用一些工具和表格，更科学合理地控制采购成本，通过对细节的把控，最终推动整体采购成本的下降。

7.2.1　年度采购成本预算表

采购成本预算，可以做年度预算，也可以做季度预算。一般来说，企业在做长期预算时，都习惯做年度采购成本预算。年度采购成本预算表如表7.2-1 所示。

表 7.2-1　年度采购成本预算表

物品名称	型号规格	第1季度		第2季度		第3季度		第4季度		合　计	
		数量	金额	数量	金额	数量	金额	数量	金额	数量	金额
预计现金支出		第1季度		第2季度		第3季度		第4季度		合　计	

注：表 7.2-1 中的数量单位以具体材料而定，金额单位均为元。

7.2.2　采购成本分析表

表 7.2-2 所示为采购成本分析表，企业在做采购成本分析时，可做借鉴，也可根据实际情况修改后使用。

表 7.2-2　采购成本分析表

单位：　　　　　　　　　　　　　日期：　　年　　月　　日

物品名称			
零件名称		零件料号	
估计数量		备　注	

（续表）

材 料 费

材料名称	编号	规格	厂牌	单价	用量	损耗率	材料费

加 工 费

加工内容	编号	使用设备	日产量	设备折旧	模具折旧	加工单价	加工费

二 次 加 工 费

加工名称	编号	使用设备	日产量	加工单价	说明

合 计

材料费合计		加工费合计		后加工费合计	
营销费用		税金		利润	
总价					

备注：

注：表 7.2-2 中金额单位均为元。

7.2.3 采购费用分配表

表 7.2-3 所示为采购费用分配表，企业在做采购费用分配计算的时候，可做借鉴，也可根据实际情况做修改使用。需要注意的是，费用分配标准需要企业根据自己的需求去约定。

表 7.2-3　采购费用分配表

年　　月　　日

物料名称	人工费			仓储费			运杂费			合计
	分配标准	分配率	金额	分配标准	分配率	金额	分配标准	分配率	金额	
合计										

7.2.4　采购成本计算表

表 7.2-4 所示为采购成本计算表，计算采购成本时，需要综合考虑企业的实际情况。表 7.2-4 列出了人工费、运杂费、采购费、仓储费 4 项，企业可以根据实际情况多列几项，以使核算更加精准。

表 7.2-4　采购成本计算表

物料名称	人工费		运杂费		采购费		仓储费		采购成本合计	
	单位成本	总成本	单位成本	总成本	单位成本	总成本	单位成本	总成本	单位成本	总成本
合计										

7.2.5 采购价格与成本统计表

采购价格与成本统计表如表7.2-5所示。

表7.2-5 采购价格与成本统计表

需求部门：　　　　　　　　　　　　　　　　　　　　　　　　　填表日期：

序号	物料类别	物料名称	规格型号	数量	单价	金额	仓库数量	备注
1								
2								
3								
4								
5								
6								
编制人（签字）：			审批人（签字）：			审批日期：		

7.2.6 采购成本管理月报表

采购成本管理月报表如表 7.2-6 所示。

表 7.2-6 采购成本管理月报表

单位							
分类项目		本月			累计			特别记录

分类项目		目标	实绩	百分比	目标	实绩	百分比	特别记录
销售额	销售额							
	折扣							
	合计							
变动费用	材料费							
	水电费							
	燃料费							
	仓租运费							
	外包费用							
	其他							
	合计							
各种费用	消耗品费							
	交际费							
	邮电费							
	交通费							
	合计							
固定费用	薪资							
	奖金							
	津贴							
	福利							
	房屋贷款							
	保险费							
	合计							
检讨点								
注意点								

7.2.7 采购成本分析表

采购成本分析表如表 7.2-7 所示。

表 7.2-7 采购成本分析表

单位：　　　　　　　　　　　　日期：　　年　　月　　日

物料名称		零件名称		零件料号		估计数量	备注	
	序号	名称	规格	厂牌	单价	用量	损耗率	材料费
材料费	1							
	2							
	3							
	4							
	序号	加工内容	使用设备	日产量	设备折旧	模具折旧	加工单价	加工费
加工费	1							
	2							
	3							
	4							
	序号	加工名称	使用设备	日产量	加工单价	说明		
后加工费	1							
	2							
	3							
	4							
材料费合计			加工费合计			二次加工费合计		
营销费用			税　金			利　润		
总价								

备注：

确认人：　　　　　　　　审核人：　　　　　　　　填表人：

7.2.8　采购成本预算明细表（季度）

采购成本预算明细表（季度）如表 7.2－8 所示。

本表中已将每个季度的计划采购数量、采购费、人工费、运杂费、仓储费等成本明细栏目详细列出，可以用来进行季度采购成本预算，也可以通过对 4 个季度的累计，帮助采购管理者有效地控制年度采购成本。

表 7.2－8　采购成本预算明细表（季度）

采购物料					第　季度						本年度计划采购数量	年度采购总成本				本年度采购成本预算合计
物料类别	名称	规格型号	单位	单价	计划采购数量	采购费	人工费	运杂费	仓储费	本季度采购成本预算合计		采购费	人工费	运杂费	仓储费	
重点材料																
原材料																
其他物料																
合　计																
预计现金支出					第　季度							年度合计				

部门经理复核：

日期：　　年　　月　　日

第8章
如何做好采购绩效管理

　　采购工作的原则是以最少的资源消耗，实现预定的采购目标。因此，对采购绩效的管理，应从采购效果和采购效率两个方面着手。要做好采购绩效管理，就必须通过适当方法，对采购效果和采购效率进行检测与控制，进而实现对采购过程的全面控制。

8.1 采购绩效管理的内容、价值与重难点

采购对企业效益有至关重要的影响，那些在采购工作上实行严格绩效管理、不断创新的企业，往往能成为采购管理方面的领先者。相反，采购绩效管理粗放、无法形成固定体系的企业，就难以提升企业竞争力。要改变这种状况，必须清楚采购绩效管理的内容、价值与重难点，建立行之有效的采购绩效管理机制。

8.1.1 采购绩效管理的内容与价值

采购绩效管理的主要内容是对采购绩效进行评估。企业相关部门和管理者应清楚采购绩效评估的概念，并厘清其边界。

在一系列的作业程序完成之后，采购工作是否达到了预期目标，企业和客户对采购的物品是否满意，必须经过绩效考核评估之后才能下结论。采购绩效评估即建立一套科学的评估指标体系，用来全面反映和检查采购部门工作实绩、工作效率和工作效益。

1. 采购绩效管理的内容

对采购绩效的评估，可以分为对整个采购部门的评估和对采购人员个人的评估，对采购部门绩效的评估，应由企业高层管理者进行，也可让重要客户参与。对采购人员个人的评估，则通常由采购部门的管理者进行。这些评估主要围绕采购的基本功能进行，其内容包括两方面，即将所需的物品或原材料及时购买回来，保证生产和销售的持续进行，开发更优秀的供应商，降低采购成本，实现最佳采购。

2. 采购绩效管理的价值

通过采购绩效评估，不仅能清楚采购部门和采购人员的工作表现，也能及时发现目前工作表现与期望工作表现之间存在的差距，实行奖优罚劣的措施，提升工作效率，促进企业目标早日实现。因此，采购绩效管理的价值主要体现在以下 6 个方面。

（1）确保采购目标实现。

不同企业的采购目标有所不同。例如，国有企业的采购目标除了重视公平公正、有效降低采购成本外，还侧重于避免徇私舞弊现象。民营企业的采购目标除了维持正常生产运营活动外，更为重视对采购成本的控制和降低采购成本。因此，企业需要针对各自所追求的主要采购目标，对采购绩效进行管理，以促进采购目标的实现。

（2）提供改进采购绩效的依据。

采购绩效的管理，能提供客观标准衡量采购目标是否达成，也可以衡量采购部门目前的工作表现如何。正确的采购绩效管理，有助于发现采购作业存在的缺陷，并据此拟订改进措施。

（3）作为员工或部门奖励的参考。

良好的采购绩效管理，能将采购部门的绩效单独突出显示，并反映采购人员的个人表现，可将此作为各种人事考核的参考凭据。依据客观的管理和绩效评估，使绩效考核内容公平公正，鼓舞采购团队的士气，促使整个部门团结协作、形成合力。

（4）协助对采购人员的甄选与训练。

根据采购绩效管理的结果，可以针对现有采购人员的工作能力缺陷，拟订改进计划，安排采购人员参加专业性的教育培训。一旦在管理过程中发现某个采购部门缺乏某种特殊人才，即可由企业另行甄选或对外招募。

（5）改善部门之间的关系。

采购绩效能反映采购部门与其他部门之间的配合是否密切。因此，采购绩效管理的效果，能体现采购部门职责是否明确，表单、流程是否简单、合理，付款条件和交货方式是否契合企业原有的管理制度，各个部门之间的目标是否协调一致等。通过采购绩效管理，能改善部门之间的合作关系，提高企业整体运行效率。

（6）提升采购团队士气。

采购绩效管理制度一旦形成公平公正的体系，能确保采购团队的成果获得适当回报与认定。通过采购绩效评估，采购人员与业务人员或财务人员一样，对企业的利润贡献有客观衡量标准，使他们成为受肯定的工作角色，这对提升其工作士气有很大帮助。

8.1.2　采购绩效管理的重点与难点

通过分析影响采购绩效管理的主要因素，能突出采购绩效管理的工作重点与难点，使管理者从中明确采购绩效评估的方向。

1. 采购绩效管理的影响因素

影响采购绩效管理的因素有很多，不同企业存在的因素各不相同。这是由于各企业管理风格、组织形式、采购职责的分配有所不同，也包括企业的具体特征有所不同。

影响采购绩效管理的因素主要包括以下 4 种。

（1）业务管理活动因素。

采购绩效的管理效果，取决于与企业先行采购业务有关的活动因素，其中包括订货量、订货间隔量、积压数量、安全库存量、保险库存量、采购供应率、现行市价等。

（2）商业活动因素。

采购被看作一种商业活动，因此，企业管理者应更多关注采购能为成本拓展的节约空间。在此目标支配下，采购部的主要工作目的是降低采购价格以减少成本支出。采购过程中应关注供应商的竞争性报价，以便获得令人满意的采购价格。因此，采购绩效管理所采用的主要参数，是采购中的总体节约量、市场价格、差异报告等。

（3）综合物流因素。

采购也可以被看成综合物流的组成部分。企业采购管理者如过分关注采购价格，会导致供应商觉得物品的质量应有所降低，并降低供应的可信度。因此，供应商介绍的物品质量情况、供应商供货的可靠度，同样也属于采购绩效管理的重要影响因素。

（4）商业策略因素。

采购绩效在很大程度上决定了企业在核心业务上的竞争力。因此，企业采购管理者对采购绩效的管理，应考虑的方面包括基本供应量的变化、新供应商数量、已实现的节约量对生产利润的贡献大小等。

上述 4 种因素对采购绩效管理的影响如表 8.1-1 所示。

表 8.1-1　影响采购绩效管理的因素

因素	采购业务管理方式	绩效评估重点
业务管理活动	粗放，在企业管理中地位低	订单量、订货累计额、供应到货时间、管理、授权、程序等
商业活动	在企业管理体系中属于报告内容	节约额度、成本降低程度、差异报告等
综合物流	与其他材料相关的管理活动融为一体	节约额度、供应商供货可靠度、废品率、时间缩短量
商业策略	进入最高管理层	成本分析、供应商管理、采购决策等

由此可知，不同企业采购绩效所受到的影响因素、管理观点和评价方法不同，因此对采购绩效的管理也各有不同。

2. 采购绩效管理的重点

采购绩效管理的重点，主要包括以下几个方面，如表 8.1-2 所示。

表 8.1-2 采购绩效管理的重点

阶段	重点内容
准备阶段	明确采购绩效管理原则,明确采购绩效管理内容,调查员工绩效情况
管理阶段	制定绩效评估指标,组建绩效评估小组, 开展绩效评估工作,开展相应奖惩工作
督导改善阶段	宣传采购绩效管理制度,指导员工绩效达标, 督导采购纪律管理,评估改善管理过程

通过表 8.1-2 可知,在采购绩效管理过程中,采购部门应积极配合绩效考核和评估部门,采取适当方法和步骤,开展上述重点工作。表 8.1-3 所示为采购绩效管理重点工作的开展方法。

表 8.1-3 采购绩效管理重点工作的开展方法

重点内容	开展方法
明确采购绩效管理原则和内容	使绩效考核工作内容明确,过程规范
调查员工绩效情况	明确采购人员的绩效情况和困难,为后续改善工作做准备
制定绩效评估指标	明确管理评估指标的来源、具体内容和考核方式
开展绩效评估工作	积极配合评估小组工作,根据考核指标,采用适当方法开展绩效评估工作
开展相应奖惩工作	对绩效考核结果进行合理奖惩,鼓励先进者,督促后进者
宣传采购绩效管理制度	确保绩效管理内容深入人心,为后期采购管理工作做准备
指导员工绩效达标	加强沟通,制定引导计划,提升采购人员工作绩效
督导采购纪律管理	明确采购腐败发生的原因,制定和采取对应措施
评估改善管理过程	采用科学的方法评估采购绩效管理的实施效果,并采取措施改善绩效管理过程中的不足

3. 采购绩效管理的难点

目前,国内不少企业在采购绩效管理上并没有形成体系化管理模式,针对采购绩效的管理依然粗放,并不利于提高企业竞争力。例如,一个集团或大公司,下设的分公司、子公司各自设立自己的采购部门,分别进行小批量重复采购,放弃了规模化的管理优势。同时,这些企业也没有设立供应管理体系，对不同重要的采购渠道缺乏差异化管理和评估体制，对供应商成本构成、供应渠道缺乏了解和审核。

为改变这种状况，必须重新建立采购绩效管理体制，其中难点如下。

（1）建立统一的评估体制。

在大多数企业中，不同的高层管理者分别对采购绩效有各自的评价标准。这是因为企业的高层管理者分别肩负着与各自职位相联系的具体目标，并因此对采购工作有不同的优先考虑顺序。

为破解这样的难题，企业可以使用同一个平衡记分卡对采购绩效进行评价，以确保每个部门、高层管理者都能以大致相同的评估方式看待采购。这种平衡记分卡方式可以让不同部门调整对采购绩效管理的目标和期望，鼓励有利的行为，明确个人和团队的责任，不断推动改善采购绩效管理体制。

（2）发挥积极领导作用。

采购部门的管理者必须发挥积极领导作用，帮助企业确立全局的采购策略。这一策略应从企业如何进行采购并提高管理水平着手，对业务实践、政策、优先考虑的事情、工作方法进行规范。其中最重要的是将采购和供应商管理加以结合。

（3）调整组织架构。

通过组织架构的调整，企业能在全局范围内整合采购业务。这种管理和评估方式有利于采购人员获得深层次的行业、产品和供应商知识。为此，企业可以尝试对员工集中培训采购知识，如招标、合同、谈判、服务等知识。在企业内部，这些知识能提高采购绩效管理的效率，并有助于企业在采购环境中培养高效行为。

（4）全企业整合。

为让企业采购绩效管理理念得到更新，应依靠覆盖全企业范围的采购团队。采购团队成员包括采购、产品开发代表，以及财务、销售、技术、客服等人员。这些成员共同决定采购绩效管理策略，如优先考虑的事项、供应商选择标准等。

8.1.3 采购绩效评估的指标与标准

在采购绩效管理中，建立科学的指标与标准体系，能准确评估采购效果与采购效率。这一体系应依据以下 4 方面进行，即采购价格或成本、采购质量、采购时间、采购组织。

各指标之间的关系如表 8.1-4 所示。

表 8.1-4　采购绩效评估指标

绩效因素	评估指标
采购效果	采购价格或成本、采购质量、采购时间
采购效率	采购组织

1. 采购价格或成本绩效指标

采购价格或成本绩效指标是企业最重视及常见的衡量指标，主要指支付材料和服务的实际价格和平均价格、标准成本之间的关系。采购价格或成本绩效指标，能衡量采购人员的议价能力、供需双方力量的消长因素。其中主要包括以下 4 种指标。

（1）采购价格与标准成本差额。

采购价格与标准成本差额通常是指企业采购物资的实际价格，与企业事先确定的物资采购标准成本的差额。该指标体现企业采购过程中采购成本相比采购标准成本的超出或节约额，能用以监控采购成本支出的变化情况。

（2）实际价格与过去移动平均价格的差额。

实际价格与过去移动平均价格的差额通常是指企业采购物资的实际价格，与已经发生的物资采购移动平均价格的差额。该指标反映企业在采购过程中实际采购成本相比过去采购成本的超出或节约额。通过该指标，能管理和评估供应商发布的价格以及价格增长情况，对采购价格予以监控，防止失衡。

（3）使用时价格与采购时价格的差额。

使用时价格与采购时价格的差额是指企业在使用物资时的价格，与采购时的价格差额。该指标反映企业采购物资时是否考虑物资市场价格的走势。

如果企业预测未来物资的市场价格走势呈上升趋势，就应在采购前期多储存物资，以提升采购绩效。如果企业预测未来物资的市场价格走势呈下降趋势，企业就不应多储存物资，以避免采购绩效下降。

（4）物资采购比价。

物资采购比价是指将当期采购价格与基期采购价格的比率，与当期物价指数与基期物价指数的比率相比较。该指标是动态指标，主要反映企业物资价格的变化趋势，便于企业实行物资采购比价管理，从而取得良好的经济效益。

2. 采购质量绩效指标

采购质量绩效指标主要通过供应商质量水平管理、供应商提供的物资或服务质量，反映采购人员的采购质量绩效。具体指标包括来料质量水平、供应商质量体系、错误采购次数等。

（1）来料质量水平。

来料质量水平主要包括批次质量合格率、来料抽检缺陷率、来料报废率、来料免检率、来料返工率、退货率、供应商投诉率及处理投诉的时间等。这些指标能表明企业从供应商处获得无问题物资的概率。

（2）供应商质量体系。

供应商质量体系主要包括通过 ISO9000 检测的供应商比例、实行来料质量免检的供应商比例、来料免检的价值比例、开展专项质量改进的供应商数量及比例、参与企业改进小组的供应商数量及比例等。

同时，供应商质量体系指标还可由验收记录及生产记录判断。验收记录是指供应商交货时，为企业所接受或拒收的采购项目数量或其百分比。生产记录是指供应商交货后，企业在生产过程中发现质量不合格的采购项目数量或其百分比。企业可以利用进料质量控制抽样检验的方式对采购人员进行考核，采购项目拒收比例越高，很大程度表示采购人员绩效越差。

（3）错误采购次数。

错误采购次数是指一定时期内，企业采购部门由于工作人员失职等原因，造成错误采购的数量，它反映企业采购部门工作质量的好坏。

3. 采购时间绩效指标

采购时间绩效指标用以衡量采购人员处理订单的效率、对供应商交货时间的控制。供应商延迟交货，可能造成企业缺货。供应商提早交货，则可能导致企业产生不必要的储存费用支出或提前付款的利息支出。

（1）紧急采购费用。

紧急采购费用是指由于紧急情况采用紧急运输方式产生的费用，可用紧急采购费用与采用正常运输方式产生的费用之间的差额进行考核。

（2）停工待料损失。

停工待料损失是指原材料供应不及时，导致生产经营停工，从而造成作业人员工资及有关费用的损失。这些损失中除了直接损失外，还有多种间接损失，其中包括停工待料、订单流失、员工离职及其调整等。

（3）订单处理时间。

订单处理时间是指企业处理采购订单所需要的平均时间，可体现企业采购部门的工作效率。

（4）对及时准确处理的控制。

对及时准确处理的控制的衡量指标有采购管理的平均订货时间、订货数量、订购累计未付额等。

（5）供应商及时供货控制。

供应商及时供货控制的衡量指标由供应商供货可靠度、物资短缺数量、已交货数量、尚未交货数量、准时化交货数量组成。通过测量这些参数，企业能全面了解采购行为对物资流动的控制水平。

（6）交货数量控制。

很多情况下，采购绩效与交货数量控制水平有紧密关系，可衡量交货数量控制的指标包括存货周转率、已交货或未交货数量、平均订货规模、在途存货总量等。

根据交货数量、质量和供应商供货可靠度，企业可以采用评级的方法对供应商评级，以此进行采购绩效管理，对采购绩效管理进行监控和改善。

4. 采购组织绩效指标

采购组织绩效指标能体现和衡量采购效率，其管理与评估的对象包括采购人员、采购管理、采购程序和指导方针、采购信息系统等。

（1）采购人员。

采购人员的衡量指标包括采购人员的人数、年采购金额、年人均采购金额。其中，采购人员的人数是指企业专门从事采购业务的人数，该指标反映企业的采购劳动效率。

（2）采购管理。

采购管理主要是指采购部门管理方式，其中包括采购策略的质量和有效性、行动计划、报告程序等，也涉及管理风格与交流体系。其具体衡量指标还包括采购部门的费用、新供应商开发数、年采购金额占销售收入的百分比和采购计划完成率等。

（3）采购程序和指导方针。

采购程序和指导方针的制定是为了提高采购程序和采购人员、供应商的工作指令有效性，目的是确保采购工作能以有效的方式进行。

（4）采购信息系统。

采购信息系统与改善信息系统绩效所付出的不同活动有关。这些活动支持采购人员和其他部门人员的日常工作，并能产生和采购绩效有关的管理信息。

针对上述采购绩效评估指标，企业必须考虑将何种标准设为采购绩效比较基础。通常的标准有以下3种。

（1）历史绩效。当企业的采购部门，无论是组织、职责还是员工，均未发生重大变动的情况时，适用该标准。

（2）预算或标准绩效。可以使用预算或标准绩效以固定目标、挑战目标或实现目标的效果作为评估基础。

（3）行业平均标准。如果同行业其他企业在采购组织、职责或员工素质等方面与本企业接近，则可以利用采购绩效数据直接进行比较，判别本企业在采购绩效上的优劣。

8.1.4 采购绩效评估的程序与方法

1. 采购绩效评估的程序

采购绩效评估的程序分为五大步骤，分别是绩效计划、绩效计划实施、绩效评估、绩效反馈与改进、绩效评估结果运用。

（1）绩效计划。

绩效计划是整个采购绩效管理评估的起点。企业应将采购战略分为具体任务或目标，将其中有关采购的部分落实到相关部门和岗位，包括明确采购部门和采购人员个人职责、制定采购部门和采购人员个人目标、确定评估指标与标准、选择评估人员等。

（2）绩效计划实施。

确定绩效计划后，被评估者应根据绩效计划开展采购工作。在开展采购工作过程中，管理者应对被评估者的采购工作进展进行指导和监督，对发现的问题及时予以解决，并随时根据实际情况对绩效计划进行修订和调整。

（3）绩效评估。

绩效评估可以根据具体情况和实际需要进行，包括月度评估、季度评估、半年度评估和年度评估等。无论采用何种频率评估，都应注意将绩效评估与其他的流程步骤相结合。

（4）绩效反馈与改进。

评估采购绩效之后，管理者应和相关部门或员工进行一次甚至多次的会议、交谈，使得他们明确期望、了解绩效，认识到有待改进的方面，并针对需要改进之处制定计划。

（5）绩效评估结果运用。

当绩效评估完成后，不应将其结果束之高阁，而是应将其和其他相应采购管理环节相衔接。

2. 采购绩效评估的方法

采购绩效评估的方法会直接影响评估计划的成效、评估结果的正确性。常用评估方法如下。

（1）模糊综合评价法。

利用模糊综合评价法可对采购绩效评估指标体系进行分层，构造多级模糊综合评估模型，从而对企业采购行为进行多层次评价。

（2）时间序列分析法。

利用时间序列分析法可根据企业过去行为推断企业将来行为。对采购绩效的评估以历史数据为基础，并假设未来几年内企业内外环境的发展趋势。

（3）采购基准法。

采购基准法以同行业不同企业之间的比较结果为评估标准，该方法以特定背景的采购组织或行为作为比较的依据。

（4）排序法。

利用排序法，由采购部门主要管理者按照绩效表现从好到坏的顺序，依次给员工排序。排序的依据可以是整体绩效，也可以是某项特定工作的绩效。

（5）比较法。

比较法是指在某一采购绩效标准的基础上，将每个员工与其他员工相比较，判断谁的表现更好。随后记录员工表现更好的次数，以次数多少对员工绩效排序。

（6）等级分配法。

等级分配法能克服第（4）种和第（5）种的弊端，该方法是指由采购绩效评估小组或管理者事先拟定有关的评估项目，根据评估项目对员工绩效做出粗略排序。

8.1.5　采购绩效管理制度模板

×××公司采购绩效管理制度

1.实施目的

（1）确保采购目标的实现。

（2）作为改进绩效的依据。

（3）作为奖励个人及部门的参考。

（4）协助人员的甄选与训练。

（5）促进部门关系。

（6）提高采购人员的士气。

2.实施部门为采购部门

3.实施对象为采购部门全体员工

4.实施细则

采购绩效管理分为采购人员绩效评估和采购部门绩效评估两个部分。

（1）采购人员绩效评估。

①定量评估指标。

A.价格成本指标，包括平均单价达成率、平均付款周期达成率。

B.质量交付指标，包括来料检验合格率、交货数量准确率、物料准时交货率。

C.效率指标，包括工作量完成率、供应商开发达成率。

②定性评估指标。

定性评估指标包括工作速度、工作效率、工作正确度、工作出色度、服从性、协作性、积极性、责任心、知识水平、承受力等。

③采购人员绩效分布表。

采购人员绩效分布表如表8.1-5所示。

表 8.1-5 采购人员绩效分布表

序号	指标	子指标	目标值	分值	计算公式	支持数据
1	价格成本指标	平均单价达成率	100%	15	当月采购单价平均值 ÷ 市场定位价格平均值	价格信息表
		平均付款周期达成率	100%	15	上月付款周期平均值 － 本月付款周期平均值	应付货款明细
2	质量交付指标	来料检验合格率	98%	15	当月来料检验合格批数 ÷ 来料总批数	来料检验汇总表
		交货数量准确率	100%	15	当月 PO 总量 ÷ 来料总量	PO 订单统计表 ÷ 仓库来料明细表
		物料准时交货率	95%	15	当月准时交货批次 ÷ 总批次	物料跟踪表
3	效率指标	工作量完成率	100%	10	已出订单量 ÷ 已接申购数量	物料跟踪表
		供应商开发达成率	100%	15	已开发数量 ÷ 目标值	供应商信息一览表

注：PO，是指 Purchase Order，即订单，2 个 PO 即 2 个订单。

④采购人员绩效评估表。

采购人员绩效评估表如表 8.1-6 所示。

表 8.1-6　采购人员绩效评估表

部门	职位	姓名	评估日期

一、定量评估表（100 分）

序号	指标	子项目	目标值	实际值	分值	得分	评估人员
1	价格成本指标	平均单价达成率	100%		15		
		平均付款周期达成率	100%		15		
2	质量交付指标	来料检验合格率	98%		15		
		交货数量准确率	100%		15		
		物料准时交货率	95%		15		
3	效率指标	工作量完成率	100%		10		
		供应商开发达成率	100%		15		
合计							

注：

（1）得分＝（实际值÷目标值）×分值；

（2）如实际值＞目标值，则得分为满分。

二、定性评估表（100 分）

序号	指标	定义	分值	得分	评估人员
1	工作速度	是否处理事务，完成标准工作量	1~10		
2	工作效率	工作是否迅速，没有浪费时间	1~10		
3	工作正确度	完成的工作是否正确无误，无事故无损害，值得信赖	1~10		
4	工作出色度	工作内在质量是否出色	1~10		
5	服从性	是否遵守公司纪律，是否服从上级安排	1~10		
6	协作性	是否能帮助上级同事完成工作，是否与同事和睦共事	1~10		

（续表）

序号	指标	定义	分值	得分	评估人员
7	积极性	是否有增加工作量、提高工作质量的愿望	1~10		
		是否有改进和改善工作的热情			
8	责任心	是否能善始善终地完成本职工作	1~10		
		遇到工作失误时，是否推卸责任			
9	知识水平	是否具备完成本职工作的知识和技能	1~10		
10	承受力	是否具备承受本职工作压力的能力	1~10		
合计					

三、得分计算

1	定量评估总分 ×70%=
2	定性评估总分 ×30%=
3	考评分值：1+2=

四、级别判定

依据采购部门绩效管理制度，本月考评为：

⑤说明。

关于定性评估表，由采购经理进行评定。

（2）采购部门绩效评估。

采购部门绩效评估与采购人员绩效评估衔接，同时依此评估采购部门领导。

①评估指标。

A.价格成本指标，包括平均单价达成率、平均付款周期达成率。

B.质量交付指标，包括来料检验合格率、交货数量准确率、物料准时交货率。

C.管理控制指标，包括培训目标达成率、部门计划达成率。

②采购部门绩效分布表。

采购部门绩效分布表如表 8.1-7 所示。

表 8.1-7　采购部门绩效分布表

序号	指标	子指标	目标值	分值	计算公式	支持数据
1	价格成本指标	平均单价达成率	100%	15	当月采购单价平均值 ÷ 市场定位价格平均值	价格信息表
		平均付款周期达成率	100%	15	上月付款周期平均值 ÷ 本月付款周期平均值	应付货款明细
2	质量交付指标	来料检验合格率	98%	15	当月来料检验合格批数 ÷ 来料总批数	来料检验汇总表
		交货数量准确率	100%	15	当月 PO 总量 ÷ 来料总量	PO 订单统计表 / 仓库来料明细表
		物料准时交货率	95%	15	当月准时交货批次 ÷ 总批次	物料跟踪表
3	管理控制指标	培训目标达成率	100%	10	实施项目 ÷ 计划项目数量	年度培训计划
		部门计划达成率	100%	15	实施完成值 ÷ 计划值	周计划及周例会

③说明。

绩效评估基准如下。

A. 得分 =（实际值 ÷ 目标值）× 分值。

B. 等级划分如表 8.1-8 所示。

表 8.1-8　等级划分

等级	优秀	良好	一般	差	很差
得分	85 及以上	70 ~ 84	60 ~ 69	50 ~ 59	49 及以下

5. 激励奖罚

（1）采购部门绩效每季度评估一次，由总经办监督执行。

优秀：奖励采购部门 1 万元。

良好：给予采购部门书面奖励，并纳入年度优秀部门考核。

一般：不做相应奖罚。

差：相关责任人提交书面整改报告，不列入年度优秀部门评选。

很差：扣除采购部门相关领导每个月工资的 10%，直至下个季度的评估。

（2）采购人员绩效每月评估一次，由采购经理执行，总经办监督。

个人与公司各拿出工资的 10% 作为浮动金额。

优秀：个人工资的 10%+ 公司拿出的个人工资的 10%，推荐列入年度优秀员工入围名单。

良好：个人工资的 10%+ 公司拿出的个人工资的 5%。

一般：个人工资的 10%，不减不扣。

差：扣除个人工资的 5%，并递交书面报告。

很差：扣除个人工资的 10%，连续 3 个月等级为很差者，主动提交辞呈。

6. 实施时间为二〇 × × 年 × × 月

8.1.6　采购稽核方案模板

× × × × × 集团采购稽核方案

为提高采购性价比和资金使用效能，确保各部门采购作业规范，实现招标、询标公正公平的目标，特制定 × × × × × 集团采购稽核方案。

1. 采购稽核工作管理隶属集团总经办

采购稽核专员：× × ×。

2. 采购稽核对象及稽核范围

（1）稽核对象。除公司生产组以外的采购人员。采购稽核反馈意见纳入采购人员评估。

（2）稽核范围。大额固定资产类、系统资源类、影棚器材类、IT 设施类、监控类、车辆类、仓储物资类、陈列品类、印刷品类、海报类、胶漆类。办公用品、纸箱、胶带、复（打）印纸、莫霍克耗材、办公耗材、包装材料、木料（板材）、清洁用品等。

3. 采购稽核等级

（1）将预算金额申请在 20 万元以上的采购项目定义为一级采购稽核等级，为必选稽核项目。

（2）将预算金额申请在 10 万元以上的采购项目定义为二级采购稽核等级，为选择稽核项目。

（3）将预算金额申请在 10 万元以下或常用耗品类采购项目定义为三级稽核等级，为抽查稽核项目。

4. 采购稽核流程

（1）一级采购稽核项目采用事前或过程介入方式进行稽核，流程如下。

①采购项目预算审批后，相关采购人员填写采购稽核申请表发给采购稽核专员，采购稽核专员介入询标。

②采购人员需将询标整个过程同步知会采购稽核专员，内容不限于询标函、供应商报价、议价环节、采购合同等。

③询标阶段结束后，采购合同签订前，采购人员需完成采购项目询标结果汇总表（可参考询标结果汇总样表）并邮寄给采购稽核专员。

采购项目询标结果汇总表应包括以下信息（没有可不填）。

询标项目名称。

询标时间、地点、询标人。

供应商甲、乙、丙的信息及联系方式。

供应商首次报价。

供应商最终报价。

贸易条件，如价格、交货时间、付款方式、保修条件（尾款返还时间和金额）、替代设备清单（如有）、质量及退换货承诺等。

④采购稽核专员根据稽核结果撰写采购稽核反馈意见表给采购人员、CC（Collabortive Commerce，即协同商务，以下均简称"CC"）相关公司领导。

⑤经过稽核的采购项目，采购稽核专员须在采购合同上签字。

⑥一级采购项目稽核流程示意图，如图8.1-1所示。

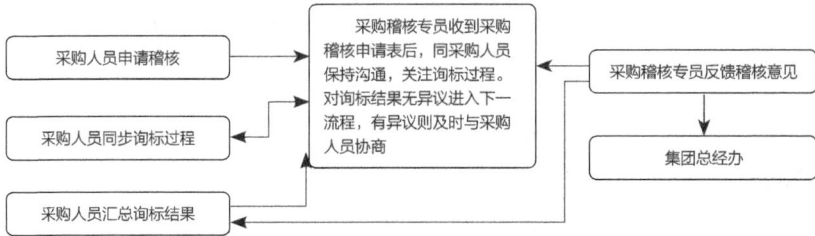

图8.1-1 一级采购稽核项目流程

（2）二级采购稽核项目采用过程介入方式进行稽核。采购稽核专员根据需要选定部分采购项目进行稽核，被选定的采购稽核项目的流程和一级采购稽核项目流程相同。

（3）三级采购稽核项目采用抽查方式进行稽核。采购稽核专员根据月采购统计表及×××年度采购汇总表对部分采购项目进行稽核。

①每月25日，采购人员将本月的月采购统计表发给采购稽核专员。每年12月10日，采购人员将本年度《×××年度采购汇总表》发给采购稽核专员作为抽查项目发起依据。

②采购稽核专员根据上表调阅采购个案，查阅询标报价、合同、支付、验收过程。

③采购人员将被抽查到的采购项目的相关作业过程资料及情况说明通过邮件发给采购稽核专员。

④采购稽核专员根据稽核结果撰写采购稽核反馈意见表给采购人员、CC相关公司领导。上述流程如图8.1-2所示。

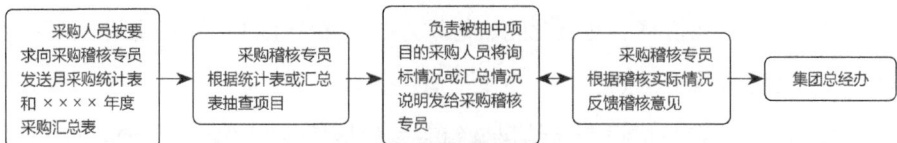

图8.1-2 稽核抽查流程图

5. 采购稽核内容（不限于以下项）

（1）是否按公司相关廉政制度、采购制度、财务制度要求实施采购。是否按照需求范围、预算计划、项目实施进度要求进行采购。

（2）采购作业流程是否规范，是否做到"货比三家"。询标、招标流程是否过简或过繁，所选询标渠道是否具有可比性和有效性，对有大额交易往来的供应商是否建立相应的档案进行管理，对供应商的资质及能力是否进行评审（针对大额物品或长期使用物品的采购）。

（3）月采购统计表（包括名称，型号规格，数量，单价，保修，验收，交货，供应商联系电话，对有明确要求的颜色、材质、样式进行标注等）信息更新完备程度。是否有序开发新渠道以确保重要物品价格的竞争和渠道备用。

（4）×××年度采购汇总表的单价执行情况，采购的性价比是否合理，单价变更与市场行情变化是否匹配。

（5）采购申请单、采购合同、付款申请单等批准的内容是否一致，当请购物品发生品名、规格、数量、交期的改变时，其询标结果是否经授权主管批复，采购作业是否于规定期限内处理完毕，若因需求变化或市场变化发生变更，采购部门有无及时知会需求部门并得到相应批复意见。

（6）采购物品到货后是否及时对其进行清点、验收、入库，当发生质量或数量差异或与样品不符时，是否通知供应商进行退换货、补货或扣款处理等。

本采购稽核方案从 2020 年 ×× 月起执行，如与其他管理制度或实际操作有冲突，采购人员可以根据实际情况提出修改建议，由总经办牵头组织修改。

8.2　采购绩效管理的工具、表格

采购绩效管理贯穿于整个采购管理过程中，通过工具和表格的作用，能确保采购达到绩效期望，满足企业的需求，也能为供应商持续改进提供方向，使其更好地与企业合作。

8.2.1 采购绩效评估指标表

采购绩效评估指标表如表 8.2-1 所示。

表 8.2-1 采购绩效评估指标表

序号	岗位	指标	计算公式	来源
1	采购类	部门员工培训达标率	（培训达标人数 ÷ 总培训人数）×100%	人力资源部门
2	采购类	部门员工流失率	（一定周期内部门人员流失数 ÷ 部门总人数）×100%	人力资源部门
3	采购类	部门管理费用控制率	｜（实际费用－预算费用）÷ 预算费用｜×100%	财务部门
4	采购类	部门培训小时数	一定周期内部门员工培训的小时数	人力资源部门
5	采购类	采购计划误差率	（遗漏采购数量 ÷ 应采购总数量）×100%	采购部门
6	采购类	运输费用达成率	（一定周期实际发生的运输费用 ÷ 计划运输费用）×100%	采购部门
7	采购类	采购运输成本控制率	（当期采购实际运成本 ÷ 预测市场行情价格）×100%	财务部门
8	采购类	优质供应商开发率	（实际开发优质供应商数量 ÷ 供应商总数量）×100%	采购部门
9	采购类	信息录入准确率	（1－信息录入出错数量 ÷ 录入总数量）×100%	采购部门
10	采购类	信息录入及时率	（1－信息录入未及时数量 ÷ 应录入总数量）×100%	采购部门
11	采购类	物资供应及时率	（1－一定周期内物资供应未及时次数 ÷ 应供应总次数）×100%	采购部门
12	采购类	退、换、补货及时性	一定时期内未及时退、换、补货的次数	采购部门
13	采购类	市场信息有效率	（有效的市场信息数 ÷ 总提交市场信息数）×100%	上级
14	采购类	市场信息提供及时率	（1－一定周期内未及时提供市场动态、信息的次数 ÷ 应提供次数）×100%	上级

（续表）

序号	岗位	指标	计算公式	来源
15	采购类	市场信息判断准确率	（一定周期内可采信的市场信息数 ÷ 总提供市场信息数）×100%	上级
16	采购类	市场信息反馈量	一定周期内反馈的市场信息总数量	上级
17	采购类	人才培养量	一定周期内人才培养的数量	人力资源部门
18	采购类	流程执行度	一定周期内按流程操作的次数	采购部门
19	采购类	零星采购及时性	一定周期内按时采购零星物资的次数	采购部门
20	采购类	客户投诉解决率	（一定周期内解决的客户投诉数 ÷ 客户总投诉数）×100%	采购部门
21	采购类	检验批次合格率	（来料检验合格批次数 ÷ 检验批次总数）×100%	采购部门
22	采购类	供应商一次交货合格率	（供应商一次交货合格数量 ÷ 一次采购总数量）×100%	采购部门
23	采购类	供应商信息完整率	（信息完整、准确的供应商数量 ÷ 供应商总数量）×100%	采购部门
24	采购类	供应商履约率	（一定周期内履约的合同数 ÷ 订立的合同总数）×100%	采购部门
25	采购类	供应商开发数	一定周期内开发的供应商数量	采购部门
26	采购类	供应商开发计划完成率	（一定周期内实际开发的供应商数量 ÷ 计划开发数量）×100%	采购部门
27	采购类	供应商合格率	（资料齐全稽核合格的供应商数 ÷ 供应商总数）×100%	采购部门
28	采购类	订货差错率	（数量或质量有问题的物资数量 ÷ 采购总数量）×100%	采购部门
29	采购类	采购付款滞后期	一定周期内采购资金支付滞后天数	财务部门
30	采购类	采购信息收集量	一定周期内有关各供应商报价、询价的完整信息量	采购部门
31	采购类	采购物资积压率	（采购物资积压数 ÷ 采购物资总数）×100%	采购部门
32	采购类	采购退货率	（一定周期内采购退货次数 ÷ 采购总次数）×100%	采购部门

（续表）

序号	岗位	指标	计算公式	来源
33	采购类	采购计划完成率	（当期采购实际完成数 ÷ 当期物资需求总数）×100%	采购部门
34	采购类	采购及时率	（1−未及时采购次数 ÷ 应采购总次数）×100%	采购部门
35	采购类	采购积压物资处理有效率	（在规定时间内处理的积压物资价值 ÷ 总积压物资价值）×100%	采购部门
36	采购类	采购积压物资处理及时率	（在规定时间内处理积压物资次数 ÷ 应处理总次数）×100%	采购部门
37	采购类	采购合格率	（一定周期内采购合格品数量 ÷ 采购总数量）×100%	采购部门
38	采购类	采购分配方案通过率	（通过的采购分配方案 ÷ 提交的采购分配方案）×100%	采购部门
39	采购类	采购订单按时完成率	（实际按时完成订单数 ÷ 采购订单总数）×100%	采购部门
40	采购类	采购单据完整率	（完整采购单据数量 ÷ 总采购单据数量）×100%	采购部门
41	采购类	采购费用控制	（实际采购费用 ÷ 预算采购费用）×100%	财务部门
42	采购类	采购成本率	（采购成本 ÷ 总成本）×100%	财务部门
43	采购类	采购成本降低率	{（上期采购成本−本期采购成本）÷ 上期采购成本}×100%	财务部门
44	采购类	报表、台账出错率	（一定周期内记录出错的报表、台账数量 ÷ 报表、台账总数量）×100%	采购部门
45	采购类	A类原材料供应商储备	一定周期内A类原材料供应商完整信息储备数量	采购部门

8.2.2 采购稽核重点与依据表

采购稽核重点与依据表如表 8.2-2 所示。

表 8.2-2 采购稽核重点与依据表

日期：　　年　　月　　日

稽核项目	稽核重点	稽核依据
预算管理	（1）采购预算是否与销售计划、生产计划、库存状况等相配合； （2）采购预算的编制是否考虑存货定量及定价管制； （3）采购预算是否得到全面执行，若与实际采购费用存在差异，是否对采购预算进行修正	请购单、销售计划、生产计划
请购作业	（1）请购是否与预算相符，并按照权限核准 （2）请购单（数量、规格等）变更是否按照相关程序进行； （3）紧急采购原因分析	请购单、安全存量控制表
比价作业	（1）询价管理； （2）招标管理； （3）采购合同管理	询价单、采购合同
订购作业	（1）采购合同的规范性、合法性； （2）采购合同的执行情况； （3）订单发出后有无跟踪控制； （4）因某种原因供应商没有按约定的日期将采购物资送达时，采购部门是否采取了相应的措施以保证企业正常生产	请购单、采购合同

8.2.3 采购部门绩效评估表

采购部门绩效评估表如表 8.2-3 所示。

表 8.2-3 采购部门绩效评估表

被评估部门/责任人：采购部门/经理/采购人员

序号	指标	指标说明	分值	得分计算方法	评估部门	记录	备注
1	采购交货准时率	指每月的采购物料、外购成品准时交货达成情况 准时率=（物料的实际准时交货批次÷应交货物料总批次+外购成品的实际准时交货批次÷应交货时外购成品总批次）÷2×100% 每批物料必须全部按时送到仓库才能算该批准时，若有1件未按时送到则该批算延迟，以不影响生产计划为准	35	实际得分计算：刚好达成目标可得35分，比计划值每高1个百分点可另加1分，最高可加5分，若准时率为100%则实际得分按35分计算，比计划值每低1个百分点扣1分，至扣完为止	仓库	每日收货汇总表、采购周期表；部门绩效评估统计表	每月评估一次，但仓库每周要提供一次数据
2	采购物料批合格率	是指一个单位周期内所有采购物料按质量完成的状况 采购物料批合格率=总来料检验合格批次÷总来料检验批次×100% 适用于须经过进料检验的所有来料	35	实际得分计算：刚好达成目标可得35分，比计划值每高0.5个百分点可另加1分，最高可加6分，合格率为100%时实际得分可按36分计算，比计划值每低0.5个百分点扣1分，至扣完为止	质量部门	来料检验报告、检验日报表、部门绩效评估统计表、品质周报、月报	每月评估一次，但每周要提供一次数据
3	采购单价下降率	指主要材料中的各类物料单价相比期初的下降率之和 采购单价下降率=各类物料单价下降率之和 各类物料单价下降率=（本期单价-期初单价）÷期初单价×权重的百分比	30	实际得分计算：刚好达成目标可得30分，比计划值每高0.1个百分点可另加2分，最高可加5分，比计划值每低0.1个百分点扣2分，至扣完为止	财务部门	采购订单、采购单价表、财务月报表	每月评估一次，主要材料指圈材、电机、玻璃、电源线、塑料件等

8.2.4　采购人员绩效评估表

采购人员绩效评估表如表 8.2-4 所示。

表 8.2-4　采购人员绩效评估表

项目	标准内容	规定分值（分）	评分细则	扣分	得分
工作态度25分	A.服从领导安排，严格遵守工作制度，有效利用工作时间	5	符合得5分，不符合一次扣2分		
	B.有责任心，可放心交代工作	5	符合得5分，不符合一次扣2分		
	C.品质廉洁、诚实守信、忠于职守、立场坚定	5	符合得5分，不符合一次扣2分		
	D.工作热情，态度积极	5	符合得5分，不符合一次扣2分		
	E.对个人的过失勇于承担责任	5	符合得5分，不符合一次扣2分		
工作能力45分	A.熟练掌握专业知识	5	符合得5分，不符合一次扣2分		
	B.能有效制定自我工作计划，并确定所需要的资源及按时完成	5	符合得5分，不符合一次扣2分		
	C.采购计划完成率高，采购任务的完成情况好	5	符合得5分，不符合一次扣2分		
	D.采购及时率高，其采购工作能保证工程的顺利进行	5	符合得5分，不符合一次扣2分		
	E.采购物资质量合格率高，采购物资的质量情况好	5	符合得5分，不符合一次扣2分		
	F.采购成本控制高，采购物资和同类物资性价比情况好	5	符合得5分，不符合一次扣2分		
	G.供应商信息管理，供应商档案信息、价格信息及其他相关信息的收集和整理工作的完成情况好	5	符合得5分，不符合一次扣2分		
	H.采购付款方式明确、合理	5	符合得5分，不符合一次扣2分		
	I.采购合同的各项条款详细、清晰、明确	5	符合得5分，不符合一次扣2分		

（续表）

项目	标准内容	规定分值（分）	评分细则	扣分	得分
协调能力 15 分	A. 从公司整体利益出发处理与其他部门的关系	4	符合得 4 分，被投诉一次扣 2 分		
	B. 遇到问题主动沟通、积极解决	4	符合得 4 分，被投诉一次扣 2 分		
	C. 能迅速地协调解决工作中的突发状况	4	符合得 4 分，被投诉一次扣 2 分		
	D. 工作方法合理，时间与经费使用得当	3	符合得 3 分，被投诉一次扣 1 分		
个人能力 10 分	A. 语言表达能力强、有说服力	2	符合得 2 分，不符合一次扣 1 分		
	B. 具有敏捷缜密的思维，良好的谈判运筹能力	2	符合得 2 分，不符合一次扣 1 分		
	C. 具有敏锐的洞察力和市场反馈能力	2	符合得 2 分，不符合一次扣 1 分		
	D. 具有学习能力和自信心	2	符合得 2 分，不符合一次扣 1 分		
	E. 具有应酬能力和调查能力	2	符合得 2 分，不符合一次扣 1 分		
其他 5 分	A. 不迟到早退，不擅自离岗	1	符合得 1 分，不符合一次扣 0.5 分		
	B. 积极参加公司组织的各种会议、培训等集体活动	1	符合得 1 分，不符合一次扣 0.5 分		
	C. 团队协作意识强	1	符合得 1 分，不符合一次扣 0.5 分		
	D. 遵守公司各项规章制度	1	符合得 1 分，不符合一次扣 0.5 分		
	E. 能完成公司安排的其他任务	1	符合得 1 分，不符合一次扣 0.5 分		

8.2.5 采购经理绩效评估表

采购经理绩效评估表如表 8.2—5 所示。

表 8.2—5 采购经理绩效评估表

× × 绩效评估表

被评估部门：采购部门　　工号：_____　　日期：_____ 年_____ 月_____ 日

项目	指标	绩效评估标准	分值	评分人	得分	审核人	加减分	得分
				评分主体				
工作业绩	月度目标	明确采购需求，合理制定月度采购计划，准确记录采购合同执行情况，送检入库及时，程序化地向财务部门申请付款手续，应付账款结算无误差，确保不耽误生产进度，从不存在生产缺口物资	0～5					
		根据生产需求制定采购计划，采购合同执行，送检入库及时，申请付款手续程序不健全，应付账款结算偶尔存在误差，对生产进度无较大影响，一般不存在缺口物资	0～5					
		制定采购计划，偶尔存在缺口物资，采购合同执行，送检入库不及时，申请付款不按正规程序走，对生产进度稍有影响，造成经济损失	-5～0					
		采购计划制定不合理，经常存在缺口物资，影响生产进度，造成较大经济损失	-5～0					

注：以下得分均不得修改

财务部门审核：

出勤奖惩记录　迟到　旷工　注：迟到、旷工每发生 1 次（天）扣 1 分

加减分　年终绩效奖金　绩效总得分　实际工资

（续表）

项目	指标	绩效评估标准	分值	评分主体					得分
				评分人	得分	审核人	加减分		
工作业绩	工作成绩	有效控制采购价格成本，将其控制在合理、较低的价格内，确保采购物资质优价廉。采购物资从不存在质量问题及被退货现象	0～5						
		控制采购价格成本，保证其在合理、较低的价格内，确保采购物资质优价廉。采购物资大部分不存在质量问题及被退货现象	0～5						
		采购价格成本控制不明显，采购成本偏高，不能确保采购物资质优价廉。采购物资偶尔存在质量问题	−5～0						
		没有对采购价格进行有效成本控制，且采购物资经常存在质量问题	−5～0						
	工作效率	根据生产需求提前做好采购计划，积极主动寻找、开发新供应商，合理利用资金，适时进行采购，从不存在交期延误，效率高，为企业增加效益	0～5						
		根据生产需求制定采购计划，开发新供应商，提高资金利用率，采购过程中一般不存在交期延误，效率较高，能减少不必要损失	0～5						
		根据采购计划，被动地寻找新供应商，没有合理利用资金，偶尔出现交期延误现象，效率较低，造成间接损失	−5～0						
		没有制定采购计划，经常出现交期延误现象，效率较低，造成较大损失	−5～0						

（续表）

项目	指标	绩效评估标准	分值	评分主体				
				评分人	得分	审核人	加减分	得分
工作业绩	其他重要任务完成情况	大宗采购任务完成率高，及时、保质、保量超额完成采购计划。确保所购物资质量，从不以次充好。物流联系及时、低价，确保货到质保书到	0～5					
		大宗采购任务完成率较高，能及时、保质、保量完成采购计划，有质量保证，不以次充好。物流联系不及时或货到质保书未到情况出现一次	0～5					
		大宗采购任务勉强完成，按时、按量完成采购计划，但偶尔存在以次充好现象。物流联系不及时或货到质保书未到情况出现两次	-5～0					
		大宗采购任务完成率较低，不能按时、按质、按量完成采购计划，经常存在以次充好现象。物流联系经常不及时，采购物资无质保书	-5～0					
能力绩效	执行、决策能力	善于确定决策时机，提出可行方案，对困难、危机的事务处理果断、得当	0～5					
		善于确定决策时机，提出可行方案，但在权衡、选择时不得当，大多数日常事务处理果断、得当	0～5					
		能确定决策时机，但很少提出可行方案	-5～0					
		遇事优柔寡断，缺乏主见	-5～0					

（续表）

项目	指标	绩效评估标准	分值	评分主体				
				评分人	得分	审核人	加减分	得分
能力绩效	工作能力	确保采购及时、质量无差错，制定、完善采购工作流程，采购过程中出现危机事件能独立、及时、得当、处理	0～5					
		确保采购质量无重大差错，制定采购工作流程，采购过程中出现危机问题能通过外界帮助解决	0～5					
		采购质量存在轻微差错，采购管理不完善，出现危机问题通过外界帮助才能解决	-5～0					
		采购质量存在重大差错，物资计划制定不合理，出现危机经外界帮助也很难解决	-5～0					
	沟通能力	积极与公司内、外部沟通协调，根据生产所需提前准备好各类资源，沟通有效、及时	0～5					
		做好公司内、外部沟通工作，根据生产所需准备资源，沟通良好	0～5					
		与公司内、外部沟通协调不及时，无法及时提供各类资源	-5～0					
		缺乏沟通能力，影响生产进度	-5～0					

（续表）

项目	指标	绩效评估标准	分值	评分主体				
				评分人	得分	审核人	加减分	得分
能力绩效	团队配合	根据组织规则，理解并发现相关部门的需求，并积极配合，顺利开展工作。积极配合完成领导交办的其他工作	0～5					
		配合各部门的需求，合作态度愉悦、友善。完成领导交办的其他工作	0～5					
		基本配合各部门提出的需求，合作友善，正常开展工作。基本完成领导交办的其他工作	−5～0					
		不配合相关部门工作，导致工作无法正常开展	−5～0					
	监督工作	实行绩效评估公平公正、相互监督，不存在包庇、隐瞒等现象	5					
		绩效评估不公平公正，相互监督不力，存在包庇、隐瞒等现象	−5～0					
周边能力	工作态度	严格遵守职业道德，从不以权谋私，贪污受贿，以次充好。诚实守信，受绝大部分员工好评	5					
		遵守职业道德，不以权谋私，弄虚作假，损公肥私，贪污受贿，以次充好。受大部分员工好评	5					
		遵守职业道德，一般不以权谋私，弄虚作假，损公肥私，贪污受贿，以次充好。受部分员工好评	−5～0					
		遵守职业道德，偶尔存在以权谋私，弄虚作假，损公肥私，贪污受贿，以次充好。不受员工好评	−5～0					

（续表）

项目	指标	绩效评估标准	分值	评分主体					
				评分人	得分	审核人	加减分	得分	
工作能力	自我评价	满分100分，根据自己上述所有工作能力的体现及工作成绩，对自己做客观公正的评价	100		×10%				
	领导安排的非本职重要工作：								
奖惩	重大过失或贡献：		±0～5						

8.2.6 采购人员绩效奖惩表格

采购人员绩效奖惩单如表 8.2-6 所示。

表 8.2-6 采购人员绩效奖惩单

日期: 年 月 日

填写人: 工号: 部门: 职位:

奖惩事由说明:

造成结果:

损失金额:
节约金额:

事件当事人概述:

签字:
日期: 年 月 日

根据公司管理规章 ×× 章 ×× 条规定, 给予如下奖惩:

□ 口头奖励	□ 口头警告
□ 书面奖励	□ 书面警告
□ 小功	□ 小过
□ 大功	□ 大过
	□ 解除劳动合同

直属主管签字:	直属经理签字:	人力资源部门主管签字:
日期: 年 月 日	日期: 年 月 日	日期: 年 月 日

以下由直属主管填写

事件分析:

签字:
日期: 年 月 日

改善措施:

签字:
日期: 年 月 日

注: 由事件当事人直属主管、稽核部门和安保部门填写奖惩单, 经直属经理确认签字后由人力资源部门主管确认 (如有需要, 应对事件进行调查) 签字 (如人力资源部门主管未签字, 则无效), 交由人力资源部门保存。

采购人员绩效奖惩统计表如表 8.2-7 所示。

表 8.2-7　采购人员绩效奖惩统计表

工号	姓名	奖惩事项及文号	统计					

第 9 章

如何做好采购组织管理

要做好采购组织管理，不但要了解业务本身特质，还需随时注意各部门间的协调配合，以便能及时获得经济有效的供应。因此，在做好采购组织管理时，应注意协调不同业务部门，依据相同规范，参照实际需要，建立整体关系。只有在适当的管理下，组织才能发挥整体作用。

9.1 采购组织管理的要点与价值

采购组织管理的定位依赖于管理层对采购职能的看法。当管理层将采购职能仅看成业务活动时，采购组织管理的地位就较低。反之，如果管理层能将采购职能看成重要因素，清楚采购职能对组织具有战略重要性，采购组织管理的地位就较高。为确保采购的战略地位，需要切实了解采购组织管理的要点与价值。

9.1.1 采购组织管理的内容

采购组织有双重含义，既是指作为实体本身的组织，如企业、团队、部门等，也是指通过组织机构建立运行和变革机制，实现组织资源的优化配置，完成组织任务和实现组织目标。

采购组织管理的内容，正是基于第二种含义而形成的。采购组织管理具体是指为完成企业的采购任务，保证企业生产经营活动顺利进行，采购人员和部门按照一定的规则，对团队进行的建设和协调行为。

具体而言，采购组织管理有以下 4 部分内容。

1. 凝聚团队

采购团队需明确采购目标和任务，建立良好人际关系与集体意识，在采购组织中发挥导向作用。

2. 协调组织

采购团队需正确处理采购组织中复杂的分工协作关系，包括组织内部纵向和横向的关系协调、组织与内外环境的关系协调。

3. 监督和制约

对采购组织内不同人员的职能、权利、义务、责任等相关行为，进行有效监督和制约。

4. 奖励和惩罚

为采购组织创造良好的环境，充分激发每个采购人员在工作中的积极性、创造性和主动性，同时限制并杜绝采购人员的不当行为。

通过采购组织管理，能在企业中建立适合、良好的环境，充分激发每个采购人员在工作中的积极性、创造性和主动性，并杜绝和限制采购人员的不当行为。

9.1.2　采购组织管理的重点与难点

采购组织管理的重点在于理清和设计采购组织的结构、准确配置采购人员、设计采购的基本模式。通过这些重点工作，确保采购部门在企业中有清楚的位置，并加强采购组织管理在企业管理中的地位。

采购组织管理的难点如下。

掌握采购组织的内涵和功能。

掌握影响采购部门在企业中地位的因素。

掌握集中型与分散型采购组织的特点及使用范围。

掌握采购组织的基本类型。

了解采购组织设计的原则和步骤。

了解采购部门与采购人员的职责。

了解未来采购的发展趋势。

9.1.3　采购组织设计的关键原则

为做好企业内复杂多变的采购与供应商管理工作，需要有合理的管理机制和组织结构，也需要有合适的采购组织设计原则。原则的出发点是否正确，成为采购组织设计的关键。

采购组织的设计，应当遵循以下原则。

1. 能与企业特点相适应

对于规模小的企业而言，只需设计比较简单的采购部门负责整个企业的原材料和设备采购。相反，对于规模较大的企业而言，如大型企业集团，就应设立集团采购部门或中央采购中心，其下的各个子企业则应分别设立管理采购工作的分支部门。

2. 确保合理分工

在采购组织内，应根据不同人员的能力、职责进行合理分工，各负其责，以便提高采购和供应的效率。

3. 与企业管理水平相适应

如果企业管理水平较高，如已经引入物资需求计划（MRP）系统，则企业的采购需求计划、订单开具、发货跟单都应按照这一系统要求，通过计算机进行操作控制。如果企业管理水平较低，其采购部门的设置应根据企业当前的管理水平进行相应的设计，与管理水平较高的企业必然有很大不同。

4. 便于统一指挥

在采购组织的设计中，必须确保每个采购人员接受采购经理指派的职权和职责，并对其上级负责。

5. 实现有效管理幅度

管理幅度是指每个管理者直接管理的人数。在设计和建立采购组织时，应合理确定管理层次及各个层次的人员安排。

6. 确保权责相符

有效的采购组织必须权责相互制衡。有责无权，责任就难以落实；有权无责，就会滥用职权。因此，在采购组织中必须实现权责的对立和统一。

9.1.4 采购组织结构的设置和岗位职责

管理的组织形式并没有固定统一的模式，经常会根据企业性质、规模和生产变化特点的改变而改变。同一家企业，在不同时期，也会有不同的组织形式。以生产企业为例，其主要的采购组织结构设置如表 9.1-1 所示。

表 9.1-1　采购组织结构的设置

组织结构名称	组织结构内容	组织结构特点
直线制组织结构	由一个上级直接管理多个下级	指挥与被指挥的关系简单、权力集中、权责分明、联系简捷、指挥和命令统一、决策速度快、容易维持管理秩序。有利于加强管理工作控制和责任的力度，实现有效交流沟通。 要求采购经理具备多方面的采购知识和技能，适合中小型企业采购组织
直线职能制组织结构	在直线制组织结构基础上，加上相应职能管理部门，并让其共同参与采购决策并承担管理职能。该组织结构实行中，只有直线指挥部门的行政领导才能对下级机构发布命令，职能管理部门担任直接指挥人员的参谋角色	其优点是能集中领导、统一指挥，便于调配人、财、物、力等资源。职责清楚，有利于提高办事效率。秩序井然，整个企业有较高稳定性。 其缺点是各职能管理部门和直线指挥部门之间容易产生矛盾，难以培养熟悉企业内部全面业务的管理人才。信息传递路线较长，组织系统适应性较差，对复杂情况反映可能不及时
采购事业部制组织结构	企业的各种活动，按产品、地区和客户分类，分别设置事业部，事业部最高负责人拥有经营该部最高权限。各事业部实行集中化采购，从总公司角度看则是分散化采购	优点是有利于实现企业内部协作，最高管理部门能摆脱日常行政事务，各事业部为独立体系、独立经营与核算，发挥灵活性和主动性。缺点在于机构重复，存在浪费管理人员的可能，也容易忽略企业整体利益而仅从本部门利益出发考虑问题

在设计和采用了明确合理的采购组织结构后，应进一步通过岗位说明书形式，明确采购组织内各岗位职责。

采购部门的岗位可以分为 4 类，包括采购经理、采购经理助理、采购工程师、采购文员。

主要人员工作职责如下。

1. 采购经理的工作职责

采购经理负责新产品、新材料供应商的寻找、资料收集及开发工作，对新供应商品质体系状况的评估及认证工作，与供应商的比价、议价谈判工作并及时跟踪掌握原材料市场价格行情变化及品质情况，还负责采购计划编排、物料订购及交期控制以及部门员工的管理培训工作等。

2. 采购经理助理的工作职责

采购经理助理负责协助采购经理进行材料采购渠道的搜集，负责采购计划的制定，市场行情的调查分析与统计分析，供应商评估数据的统计与分析，采购有关文件的编写等。

3. 采购工程师的职责

采购工程师负责对主要原材料进行估价，对供应商提供的材料样品的品质进行初步确认，对采购部门有关技术、质量文件进行拟制，与技术、质量部门对有关的技术、质量问题进行沟通与协调，与供应商对有关技术、质量问题进行沟通与协调等。

4. 采购文员的工作职责

采购文员负责各种采购单据与报表的收集、整理与统计，采购产品质量记录的保管与维护，采购事务的传达工作等。

9.1.5 采购组织管理的误区

企业想采购组织管理工作高效，除了科学设计、必要监督外，也应避免下面的误区。

1. 缺乏监管制衡

在采购组织管理中，不应过分依赖采购经理或主管。采购部门的工作有可能会因为微小细节而影响整个企业的兴衰，而管理者带来的风险更是会牵一发而动全身。为避免产生问题，应选择有责任心、综合实力过硬的高层领导去担任采购部门管理者，最好以两三人为佳，甚至可以由总经理自己担任。

2. 精力分散

采购经理不应每天都去跟催具体的采购细节，更不应去担任具体的采购工作。这样很容易因为精力分散而失去工作重心。更重要的是，如果采购经理总是过多关注采购细节，员工的责任心就会由此减弱，并导致员工工作积极性和主动性减弱。

3. 工作内容未能细分

在采购组织管理中，如果不对采购工作内容进行细分，就会导致采购人员的权责划分不明、目标不清晰等情况出现。大多数员工就很容易处于应付性完成采购工作的状态，不愿意花费时间和精力去关注更深层次的采购目标。通过采购组织管理，应将采购工作内容进一步细分，减少漏洞、降低风险、增加收益。

4. 缺少分析和总结

在日常采购组织管理中，经常会出现采购工作只为应付生产而进行，采购部门缺乏必要的创新精神。长此以往，导致采购部门认为只要胜任工作多、短期目标完成，任务就完成了。但从长远来看，由于采购部门缺乏深入的分析和总结，没有认真记录和评估，导致采购组织本身的水平难以得到提高。

为此，在采购组织管理中，应对每个采购工作期间的信息加以妥当管理并从中获得宝贵经验以提升采购组织水平。

5. 缺少配合

实践中，当企业生产或研发部门技术资料更改频繁、时间紧迫时，留给采购部门的工作时间就会相当有限，这将导致采购部门难以完成任务或有漏洞地完成任务。采购部门必须要在采购组织管理建设过程中，有力推进企业内各个部门完善配合，获得较坚实的技术支持和品质管理，从而有效提高采购的质量和频率。

9.1.6 采购部门管理制度模板

××××公司采购部门管理制度

1. 概述

采购部门在公司的统一管理下，根据实际工作要求，适时、适量、适价、经济合理地采购各部门所需的材料，确保公司经营正常运行及项目按时顺利完成。

2. 组织结构

```
                        ┌─────────┐
                        │  总经理  │
                        └────┬────┘
          ┌──────────┐      │
          │ 总经理助理 ├──────┤
          └──────────┘      │
                        ┌────┴────┐
                        │  采购   │
                        └────┬────┘
          ┌──────────┐      │      ┌──────────┐
          │  库管    ├──────┴──────┤ 采购人员  │
          └──────────┘             └──────────┘
```

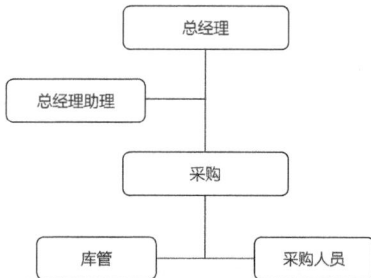

3. 采购部门职责

（1）制定合理的采购政策，根据公司月度工作计划制定相应的采购计划。

（2）根据生产计划和销售计划，按消耗定额和采购程序，编制每月的采购计划，并努力按该计划执行以确保正常生产及经营秩序。

（3）按公司的规定签订和履行采购合同，负责及时地订货、运输、质检、验收、交料、结算和储存工作，办好验收交接手续，保证材料质量达到规定标准。

（4）对所有采购必须货比三家选择价廉物美的材料，以降低综合采购成本。

（5）积极了解材料的短缺、发货、验收等实际情况，做到早知道，早处理。

（6）加强与使用材料部门的联系，尤其是按时、按质、按量控制好各部门所需的各种材料，确保生产及销售能顺利进行。

（7）所购大宗材料必须要求供应商提供合格证明，严禁购进质量不合格材料，同时监控材料使用状况，控制不合理材料的采购与浪费的情况。

（8）在购进材料时发生质量、数量异常，应立即采取紧急措施，并与有关部门进行协商处理。

（9）做好供应商的选择、评议工作，建立牢固、可靠的供应基地，对长期主要供应商进行资信调查，实行定期登记评估并进行调整。不断挖掘新供应商，以保证材料供应的不间断性。

（10）负责供应材料的仓储管理，严格按规定办理入库、出库、储存、报损等手续，保证库存材料完好无损，做到账实相符，加强仓库安全检查保卫工作，防止贵重材料被盗。

（11）负责定期或不定期地清理库存，压缩不合理库存量，回收多余剩余材料，做好材料的易物工作，盘活存量、减少浪费、加速资金周转。

（12）负责与采购、材料相关的资料、账册、报表的收集、整理和归档工作，及时编制相关的统计报表并协助财务部门对照欠款数额或者采购合同要求安排对供应商进行付款。

（13）积极主动追踪生产资料市场的供求状况、价格走向，提出最佳采购建议。密切关注新材料、新工艺、新技术、新设备动态，并及时反馈到研发部门、技术部门、设备部门等部门，为其改良和更新提供参考意见。

（14）做到每周一小结，每月一总结，每年一审核。

（15）完成总经理交办的其他任务。

4. 采购部门管理制度

为加强采购工作的管理，提高采购工作的效率，特制定本制度。所有的采购人员及相关人员均应以本制度为依据开展工作。

（1）采购人员须注重职业道德，品行端正、廉洁奉公、勤俭节约。做到不吃回扣，不贪污受贿，不吃请，不虚开发票，不从中谋利，不徇私舞弊、违法乱纪。

（2）不迟到、不早退。采购人员在工作中要多跑、多对比、多总结，边学习边实践，不断提高自己的采购业务水平。

（3）定期汇总所进的采购材料，协助财务部门进行成本核算。

（4）建立材料采购供应商渠道，进行供应商的择优选择，新供应商的开发工作。

5. 采购经理岗位职责

（1）主持采购部门的全面工作。

（2）领导采购部门按部门的工作职能做好工作。

（3）根据销售计划和生产计划制定采购计划，并督导实施。

（4）制定本部门的材料管理相关制度，并使之规范化。

（5）制定材料采购原则，并督导实施。

（6）做好采购的预测工作，根据资金运行情况、材料堆放程度，合理进行预先采购。

（7）带头遵守采购制度，杜绝不良行为的产生。

（8）控制好材料批量进购，避开由于市场不稳定所带来的风险。

（9）监控材料流通的状况，控制不合理的材料采购和消费。

（10）进行采购收据的规范指导和审批工作，协助财务部门进行审核及成本的控制。

（11）完成上级交办的其他任务。

6. 采购员岗位职责

（1）采购员须注重职业道德修养，严格遵守采购纪律，积极按采购的规范和要求进行采购工作。

（2）采购员在工作中应不辞辛劳，多跑、多对比，精通采购业务，选择供应商时货比三家，尽量压低采购成本。

（3）按采购工作的规范和流程进行有效工作，采购单据和报账程序必须符合财务部门的要求。

（4）对审批后的采购计划组织实施，确保生产经营过程中的材料供给。

（5）有效进购所需材料，确保生产及销售的顺利进行。

（6）负责跟踪材料交期，保证材料的正常供应，并制定材料供应计划表。

（7）负责办理退货、补货事宜，并追踪材料到位情况。

（8）完成上级交办的其他任务。

9.2 采购部门管理工具、表格

采购部门工作任务繁重、人员众多，仅依靠一项管理制度，显然无法产生良好的日常管理作用。企业应在部门管理的普遍基础上，为采购部门设计更为实用的表格作为管理工具，发挥重要作用。

9.2.1 采购部门人员岗位职责说明书

1. 采购经理岗位职责说明书

采购经理岗位职责说明书如表 9.2-1 所示。

表9.2-1 采购经理岗位职责说明书

岗位说明书	岗位名称	采购经理	所属部门	采购部门	岗位编号						
	职位序列		岗位等级		直接上级					副总	
	直接下级			采购工程师，采购专员，采购员							
岗位使命	制定、组织、协调公司或所属部门的采购计划，达成公司所期望的材料种类、库存和利润目标										
工作模块	岗位职责				管理权限						工作频率
					申报	审核	批准	执行	监督		
市场行情收集	负责对原材料市场行情进行收集、统筹，并呈报直接上级				Y			Y			月
战略采购	负责组织实施公司的战略性采购计划					Y		Y	Y		月
新供应商开发、评审	负责组织开发新供应商，以及组织对供应商进行考评。建立合格供应商名录和合格供应商备份。对合格供应商定期进行月与年的评审计划的监督				Y	Y		Y	Y		月、年
成本降价	负责对物料成本、辅料成本进行统计分析，制定成本递减目标（包括公司下达的成本递减目标），并组织实施				Y			Y			季度
成本议价	负责组织与供应商谈判，初步确定采购价格、付款方式等采购合作条款，进行采购订单的签署					Y		Y			日
合同评审	负责对订单合同，不合格物料进行评审，并签署评审意见							Y			日
来料异常评审	负责对不合格物料进行评审，并签署评审意见							Y			日
对账异常处理	负责协调助务人员与供应商进行异常对账，以及协调供应商付款事宜							Y			月

（续表）

工作模块	岗位职责	申报	审核	批准	执行	监督	工作频率
ERP 系统管理	负责组织进行 ERP 系统数据录入，以及对 ERP 系统运行情况进行监控		Y			Y	日
异常订单处理	负责组织、监督采购计划执行情况。对出现交期异常的订单与供应商进行再次谈判及就是否采用替代用方案与相关部门进行协调沟通，及时调整确保交期		Y		Y	Y	日
部门管理	负责部门内的人事管理以及对下属员工的工作指导、监督、考评及培训，与其他部门、外部协作厂商之间的平行沟通协调，以及部门内的例行沟通。部门管理制度、流程的制定、审核、宣导、执行，全面主导采购部门规章制度和流程、标准的执行情况、落实、跟踪、反馈，对各项采购部门工作				Y	Y	日

任职资格

基本要求	学历	大专以上	
	专业	电子技术类相关专业	
	性别	不限	
	经验	其他	5 年以上电子制造业采购经验，至少 2 年以上部门经理实际工作经验
			熟悉电子制造企业运行模式、熟悉采购作业流程和管控重点，了解相关物料的采购渠道和市场行情
	年龄	25 ～ 45 岁	
知识	基本知识	规章制度、工作流程、公司产品知识、行业知识	
	专业知识	全面的供应链管理知识	

（续表）

工作模块	岗位职责		管理权限					工作
			申报	审核	批准	执行	监督	频率
技能	通用技能	计算机技能、熟练使用各类办公软件、熟练操作和运用 ERP 系统						
	专业技能	丰富的采购渠道、成本核算技能、沟通能力、人际关系处理技巧、谈判技巧						
素养	基本素养	有责任心、诚实守信、具有较强的团队合作意识、敬业精神						
	特殊素养	廉洁自律、对市场行情、市场信息具有敏锐的洞察力						

2. 采购专员岗位职责说明书

采购专员岗位职责说明书如表 9.2-2 所示。

表 9.2-2　采购专员岗位职责说明书

岗位说明书	岗位名称	采购人员	所属部门	采购部门	岗位编号			
	职位序列	岗位等级		直接上级	采购工程师			
	直接下级	无						
岗位使命	执行单项采购计划，达成公司所期望的材料种类、库存和利润目标							

工作模块	岗位职责	管理权限					工作频率	
		申报	审核	批准	执行	监督		
日常采购	负责日常采购（生产用料、辅助材料及办公用品等）工作	Y			Y		日	
	负责依据材料需求计划表和请购单，参考合格供应商名录和报价单，制定采购计划和采购订单合同。督促采购订单合同正常如期履行，并跟进欠料情况	Y			Y		日	
成本分析	负责协助对物料成本、辅料成本进行统计分析，制定成本递减计划和目标（包括公司下达的成本递减目标），并组织实施	Y			Y		月	
ERP 系统管理	负责进行 ERP 系统采购订单合同信息和数据录入	Y			Y		周	
欠料跟进	负责制定欠料跟踪表，并将物料到料相关信息及时呈报采购经理	Y			Y		日	
对账处理	负责协助财务人员与供应商对账，以及协调供应商付款事宜	Y			Y		月	
长周期物料管理	负责对采购周期超出 3 周以上的物料提出备料申请，并呈交上级确认处理	Y			Y		月	
资金预算管理	依据财务部门要求，每月提报未来 2～3 个月的采购资金需求计划，并呈报上级	Y			Y		月	

（续表）

工作模块	岗位职责	管理权限					工作频率
		申报	审核	批准	执行	监督	
品质异常处理	负责来料料品质异常处理与退补物料以及索赔款项工作	Y			Y		日
月度考评	负责根据质量部门月度来料检验汇总表，对厂商进行月度交货绩效评比，制定供应商管理考评报告	Y			Y		月

任职资格

基本要求	学历	中专以上	经验	2年以上电子制造业采购经验
	专业	电子技术类相关专业	其他	有电子元器件、PCB（Printed Circuit Board，即印刷线路板，简称"PCB"）、变压器、五金、塑胶、线材、包装材料和辅料类物料实际采购经验
	性别	女	年龄	22～35岁
知识	基本知识	规章制度、工作流程、公司产品知识、行业基础知识		
	专业知识	采购管理、物流管理		
技能	通用技能	计算机技能、办公软件使用技能、ERP系统使用技能		
	专业技能	娴熟的采购谈判策略和技巧		
素养	基本素养	责任心、敬业精神、服务精神和团队合作精神		
	特殊素养	廉洁自律，能承受工作压力		

9.2.2　采购部门人员绩效考核表

采购经理绩效考核表如表 9.2-3 所示。

表 9.2-3　采购经理绩效考核表

被考核人		岗位	采购经理	部门：采购部门
考核人		岗位	总经理	部门：
序号	KPI	权重	绩效目标值	考核得分
1	采购计划完成率	20%	考核期内采购计划完成率达到__%以上	
2	采购成本降低目标达成率	15%	考核期内采购成本降低目标达成率达到__%	
3	采购部门管理费用控制	10%	考核期内控制在预算范围之内	
4	采购及时率	10%	考核期内采购及时率达到__%以上	
5	采购质量合格率	10%	考核期内采购质量合格率达到__%	
6	采购计划编制及时率	10%	考核期内采购计划编制及时率达到__%	
7	供应商开发计划完成率	10%	考核期内供应商开发计划完成率在__%以上	
8	供应商履约率	5%	考核期内供应商履约率达到__%	
9	供应商满意率	5%	考核期内供应商满意率在__%以上	
10	员工管理	5%	部门员工绩效考核平均得分在__分以上	
			本次考核总得分	
被考核人		考核人		复核人
签字： 日期：		签字： 日期：		签字： 日期：

采购部门员工绩效考核表如表9.2-4所示。

表9.2-4　采购部门员工绩效考核表

年　月　日

姓名		工号			入职日期	
岗位		职等			工资等级	

	序号	项目	目标	达成状况	得分	备注
目标管理考核	1					
	2					
	3					
	4					
	5					
	6					
	7					

	序号	项目	考核分数	序号	项目	考核分数
人事考核	1			7		
	2			8		
	3			9		
	4			10		
	5			11		
	6			12		

考核总分	

考核人评语	发展趋势评语			
初考：　　　复考：	提拔重用	平级调用	原级留用	降级留用

9.2.3　采购部门年度教育训练计划表

采购部门年度教育训练计划表表如表 9.2-5 所示。

表 9.2-5　采购部门年度教育训练计划表

| 培训科目 | 培训对象 | 计划月份 | | | | | | | | | | | | 课时数 | 课程类别 | | | 培训方式 | | 举办单位 | 讲师 | 考核方式 | 备注 |
		1月	2月	3月	4月	5月	6月	7月	8月	9月	10月	11月	12月		重点	常规	临时	内训	外训				
供应商评估／选择／管理	采购人员（必修）				√									2		√		√		采购部门		口试	
采购成本分析／优化／控制技巧	采购人员（必修）					√								2		√		√		采购部门		口试	
采购必备的财务知识与技能	采购人员（必修）								√					2		√		√		采购部门		口试	
关务基础知识	采购人员（必修）									√				2		√		√		采购部门		口试	
库存管理	采购人员（必修）、产销仓库										√			2		√		√		采购部门		口试	
如何进行采购谈判	采购人员（必修）												√	2		√		√		采购部门		口试	
个人防护用品	采购人员（必修）					√								1		√		√		采购部门		口试	

（续表）

培训科目	培训对象	计划月份												课时数	课程类别			培训方式		举办单位	讲师	考核方式	备注
		1月	2月	3月	4月	5月	6月	7月	8月	9月	10月	11月	12月		重点	常规	临时	内训	外训				
Excel培训	各部门文员（必修）、其他人员（选修）				√									4			√	√		采购部门		口试	

（1）各部门严格按照年度培训计划实施有效的培训，部门年度及月度培训计划完成情况将列入部门经理绩效考核，没有完成培训计划的按绩效标准扣分

（2）当月培训计划，不得延至下月培训，特殊情况需提前说明核准。若需要其他部门及讲师配合，请提前3天发出通知

（3）所有培训计划在实施时，必须要有签到表、培训内容、考核结果

（4）各部门在培训结束后，请及时将培训资料移交行政部门，便于登录员工培训记录及进行档案管理，此记录可作为员工考核及晋升的依据之一

9.2.4 采购部门绩效考核指标表

采购部门绩效考核指标表如表 9.2-6 所示。

表 9.2-6 采购部门绩效考核指标表

考核人：
管理人：
考核期：

序号	考评项目及考评指标	权重	计分标准（满分均为 100 分）	适用者	得分 (1)	得分 (2)	得分 (3)	总分	说明	评语
1	制度建设：按照年度计划完成物资采购管理制度的制定与修订，完成率 100%	×%	按计划完成采购管理制度的制定与修订工作，得满分。每有一项计划未完成，扣 5 分						在绩效考核前，管理人收集制度归档信息等考核信息	
2	制度执行：对物资采购管理规章制度的执行进行监督、检查和指导，高层主管对执行满意率达到 95% 以上	×%	高层主管满意率达到 95% 以上，得满分。满意率每降 1%，扣 2 分。满意率每增 1%，加 1 分						在年度绩效考核前，管理人审查规章制度执行程度，并将其作为考核信息	
3	计划编制：根据市场预测及经公司高层主管同意的销售目标编制年度采购计划，采购计划编制完成且高层主管满意率达到 90% 以上	×%	采购计划编制完成且高层主管满意率达到 90% 以上，得满分。未按时完成，该项不得分。满意率每降 1%，扣 2 分。满意率每增 1%，加 1 分						在采购计划完成时同结束时，管理人查证采购计划及收集高层主管满意率同卷调查等考核信息	
4	计划执行：在年度考核期内，采购计划按时完成率达到 95% 以上	×%	按时完成率达到 95% 以上，得满分。每有一次未按时完成，扣 2 分						按时完成率 = 实际完成订单数 ÷ 采购订单总数 × 100%	

（续表）

序号	考评项目及考评指标	权重	计分标准（满分均为 100 分）	适用者	得分（1）	得分（2）	得分（3）	总分	说明	评语
5	采购订单合同管理：在年度考核期内，采购订单正确率达到100%以上，合同订单纠纷胜诉率达到80%以上	×%	采购订单合同正确率达到100%以上，胜诉率达到80%以上，得满分。正确率或胜诉率每降1%，扣2分。正确率或胜诉率每增1%，加1分						在年度绩效考核前，管理人收录采购订单合同有关情况，或调查证管理记录等考核信息	
6	采购物资质量：在年度考核期内，采购物资质量合格率达到95%以上	×%	采购物资质量合格率达到95%以上，得满分。合格率每降1%，扣2分。合格率每增1%，加1分						质量合格率＝采购物资合格数量÷采购物资总数量×100%	
7	到货及时率：年度考核期内，采购物资到货及时率达到95%以上	×%	到货及时率达到95%以上，得满分。及时率每降1%，扣2分。及时率每增1%，加2分						到货及时率＝规定时间到货批次÷采购总批次×100%	
8	成本目标管理：年度考核期内，成本降低目标达成率达到80%以上	×%	成本降低目标达成率达到80%以上，得满分。达成率每降1%，扣2分。达成率每增1%，加1分						成本降低目标达成率＝成本实际降低率÷成本目标降低率×100%	
9	订货物资准确性：年度考核期内，订货种类及型号差错率控制在1%以内	×%	差错率控制在1%以内，得满分。差错率每增1%，扣2分。差错率每降1%，加1分						订货差错率＝出现差错的型号及种类物资批次÷采购总批次×100%	
10	采购资金节约：年度考核期内，物资采购资金节约率达到95%以上	×%	资金节约率达到95%以上，得满分。节约率每降1%，扣2分。节约率每增1%，加1分						采购资金节约率＝（1－实际采购物资金额÷采购物资预算金额）×100%	

（续表）

序号	考评项目及考评指标	权重	计分标准（满分均为 100 分）	适用者	得分（1）	得分（2）	得分（3）	总分	说明	评语
11	供应商评估：根据年度工作计划，完成供应商评估报告，完成率达到 100%	×%	评估报告完成率达到 100%，得满分。完成率每降 1%，扣 2 分。完成率每增 1%，加 1 分						在年度绩效考核前，管理人审查供应商评估报告并总结达成率等考核信息	
12	供应商档案管理：年度考核期内，供应商档案完整率达到 95% 以上	×%	供应商档案完整率达到 95% 以上，得满分。完整率每降 1%，扣 2 分。完整率每增 1%，加 1 分						供应商档案完整率＝实际存档份数 ÷ 年度应存档份数 ×100%	

部门经理签字：　　　　　　　　　考核人签字：　　　　　　　　　上级主管领导签字：

第 10 章
如何做好供应商管理

供应商管理，是采购与供应商管理中的重要课题。尤其在供应链环境下，企业、供应商和客户之间的关系与传统环境下的有很大不同。因此，做好供应商管理，打造优良的供应链，企业才能找到最佳伙伴、获得最佳服务，而这也是采购部门应完成的重要战略任务。

10.1 供应商管理为什么重要

企业要想维持正常生产，必须有可靠的供应商提供不同的物资供应。采购实际上就是直接与供应商联系，并获得各种物资。因此，采购管理的重要工作同样包括供应商管理。

供应商管理是指对供应商的了解、选择、开发、使用和控制等综合性管理。其目的在于与供应商建立和维持长久的合作伙伴关系。

具体分析供应商管理的重要性，应从以下角度出发。

1. 库存最小化

为使得采购、生产、发货计划与企业的销售计划吻合，采购部门应加强同供应商的联系，及早有效地利用供应商信息，向生产和销售部门提出增减生产和销售的建议，确保库存最小化。

2. 协调企业各部门

生产、销售、物流等部门内存在各自的行为准则与管理原理，企业应利用供应商管理方法，确保供应商能提供最优服务和及时送货，协调各部门的行为，消除不必要的动作，缩短企业整体运营周期，获得符合质量与数量的产品和服务等。

3. 改善采购计划、缩短信息流

通过供应商管理，可以削减不必要的物资种类，推进零部件标准化。通过这些方法，采购可以形成利润杠杆效应，为企业带来大幅度的成本节约。

4. 提供有效信息

对供应商进行有效管理，能为企业内各部门提供有效信息，包括价格、物资可用性、新供应商、新物资以及新技术等信息。这些信息对企业内各个部门的运营有重要价值。

5. 为供应商提供利益

企业加强供应商管理，同样能为供应商提供利益。例如增加共同责任感和进行利益分享，增加对未来需求的可预见性和可控性等。长期的合作关系能确保采购计划的稳定性，高质量的物资也能增强供应商的竞争力。

10.1.1　供应商管理的内涵

供应商管理的内涵，主要表现在以下方面。

1. 强调核心竞争力

为体现"横向一体化"，需要清楚地辨别企业的核心业务，通过供应商管理，狠抓核心资源，以提高企业的核心竞争力。

2. 资源外用

企业可以将非核心业务以外包方式分散给业务伙伴，通过供应商管理，与这些业务伙伴结成战略联盟关系。

3. 合作性竞争

企业也可以与曾经的竞争对手结盟，利用供应商管理体系，共同开发新技术，共享成果。企业还可以将过去由自身生产的非核心零部件外包给供应商，通过双方合作共同参与竞争。

4. 以客户满意度为目标进行服务化管理

对下游企业来讲，供应链上游企业的功能并非简单地提供物资，而是要用最低的成本获得最好的服务。

5. 集成物流、信息流、资金流

通过供应商管理，将物流、信息流、资金流集成起来。只有优秀的跨企业管理流程，才能通过集成化实现供应商与企业协调运行的目标。

6. 加强物流企业管理

通过供应商管理，进一步关注物流企业的参与。这是因为物流的作用特别重要，且缩短物流周期比缩短制造周期也更为关键。

10.1.2 供应商管理的重点

供应商管理的重点如下。

1. 选择供应商

选择供应商，是提升供应商管理质量的基础，该重点又分为以下内容。

（1）分析市场竞争环境。通过分析市场竞争环境，能找到合适的产品开发供应商，寻求产品需求。确认是否建立供应商合作关系，并分析供应商的现状和问题。

（2）建立选择目标。企业应确定供应商评价流程，明确实施环节、信息流程以及各个环节的负责人。

（3）对供应商评价。成立供应商评价小组，小组成员主要包括采购部门、质量部门、生产部门、工程部门以及其他密切合作的部门。评价标准涉及供应商业绩、设备管理、人力资源开发、质量控制、成本控制、技术开发、风险管理、客户满意度等内容。

供应商评价小组应调查、收集与供应商生产运营有关的信息，进行选择决策，并与合格的供应商建立合作伙伴关系。

在开始合作伙伴关系之后，企业可根据实际需要，及时修改或重新制定供应商评价标准。

2. 制定供应商达标手册

供应商达标手册包括程序性文件、作业指导书、供应商调研报告、供应商考核及认可报告、图纸及样品、合同预订单、供应商发票等。

3. 建立供应商数据库

企业采购部门可以以半年或更短周期为单位时间，与主要的供应商进行定期交流，回顾合作关系、制定改进计划和时间表。同时，应及时建立供应商数据库，将有关情况进行整合管理。

4. 建立可靠、优化的供应配套体系

对表现不合格的供应商进行淘汰，优化供应配套体系。减少供应商数量，发展伙伴型的合作关系。同时，也要避免依赖独家供应商，防止垄断供应。

5. 加强供应商管理，跟踪采购工作绩效

建立供应商审核及认可、考核与评估体系。采购部门应进行自我评估，并与其他企业的采购部门进行行业水平比较。针对不同的供应商，应采取不同的管理办法进行考核，以质量、交期、价格和服务等项目为指标，对供应商进行定期考核，实行奖优罚劣政策等。

10.1.3 供应商管理的误区

企业采购部门对供应商管理的误区，主要体现在以下方面。

1. 选择不科学

供应商选择不科学，主要体现在供应商进入标准低、程序不严谨、审核力度不够、选择范围窄、选择方法不合理、过程不透明等方面。

2. 管理不到位

供应商管理不到位，主要体现在供应商管理内容不具体、管理过程不细致、管理职能不明确、管理责任不具体、管理绩效不考核、管理过程不公开等方面。

3. 档案不健全

供应商档案不健全，主要包括供应商资质不全面、更换不及时，供应商表现无记录或记录不全，物资交货期记录不全面、供货质量考核不细致等。

4. 协作管理不到位

对供应商协作管理不到位，主要体现在供应商盈利意识过强、协作意识薄弱、协作反应慢、协作能力低、协作效果不理想等方面。

5. 调研不细致

对供应商调研不细致，主要体现在企业对供应商市场调研无体制或体制薄弱，对供应商现场考察无制度，考察过程走马观花，考察无实效、无记录、无目的等方面。

6. 退出不及时

供应商退出不及时，主要体现在供应商退出无模式、无依据、无机制、无制度，退出制度执行不到位、不公开、无记录、人为化等方面。

7. 管理不全面

企业对供应商从调研、选择、进入、过程控制到保留、退出的过程，并没有形成系统化、全面化的管理模式。

8. 管理重点不突出

供应商管理重点不突出，主要体现在对供应商调研不全面、调研范围小，进入和退出及过程管理中未能对供货期、供货质量等要素实施重点管理等方面。

9. 分类管理不到位

供应商分类管理不到位，主要体现在战略供应商名录不全或未形成、长期合作供应商名录未形成或不全、临时供应商名录未备案等方面，从而导致未形成正确的供应商分类管理模式、秩序和管理机制。

10. 关系确立不正确

供应商关系确立不正确是指企业单纯将供应商看成降低成本的对象，缺乏真诚沟通、不尊重供应商、对供应商提苛刻要求等，由此影响了供需协作格局的建立，制约了企业供应链的高质量、高效发展。

10.1.4 供应商管理流程模板

×××公司供应商管理流程

1. 目的

通过对供应商的控制，使供应商提供符合质量要求、价格适宜的物料，保证公司生产的正常进行。对供应商进行评价管理，淘汰不合格的供应商。

2. 适用范围

向公司提供生产用物料、辅料的供应商及代理商（客户指定的供应商除外）。

3. 管理流程

具体管理流程如表 10.1-1 所示。

表 10.1-1　供应商管理流程

流程	内容描述	负责部门
供应商调查　→　供应商评估要求　→　合格供应商选定	（1）新供应商的调查，由采购部门进行，必要时到供应商现场调查，并填写供应商实地评鉴表	采购部
	（2）从 3 个方面评估供应商的能力是否满足我司生产要求	质量部门 采购部门 工程部门
物料采购　→　供应商审核/评价　→　记录保存	（3）采购部门负责登记合格供应商，对有缺陷供应商进行辅导直至剔除	采购部门
职责明确　跟进实施　质量第一　协助改善	（4）有记录地对供应商进行审核评价，确保供应商的交货及时率、物料质量合格率达标，质量部门负责统计、汇报、记录相关供应商的不良批次，并发异常单要求其回复品质异常改善报告。必要时到现场协助找原因进行改善，直至改善完成或删除无法满足我司要求的供应商	采购部门 质量部门
供应商稳定　→　不合格供应商剔除　→　合格供应商加深合作	（5）稳定合格供应商，与相关合格供应商加深合作，开发新产品，必要时与供应商进行会面以加深关系，如年会时邀请合格供应商高层参加聚会，共同进步发展	采购部门

10.1.5　供应商管理制度模板

×××公司供应商管理制度

1. 目的

为规范物资采购行为，做好供应商的开发、选择、控制和评审工作，持续提高公司的整体经营效益，本着规范管理、优化流程、效益优先的原则，特制定本制度。

2. 适用范围

本制度适用于×××公司对供应商的管理。

3. 职责

（1）采购部门组织对供应商的生产能力、质量、交货信誉进行评审，选择足量的供应商，加强与供应商的联系沟通，建立双赢的合作伙伴关系。

（2）由物资供应部门负责审查承包商的相关资质。

（3）法务部门与供应商订立的合同中要有安全条款和责任要求，并签订安全、环保管理协议。

（4）安全管理部门负责对供应商人员进行入厂前的作业风险及安全告知，督促供应商在厂区中安全活动。

（5）严格要求供应商遵守公司相关安全管理制度。

4. 供应商资格预审

（1）供应商信息来源。采购人员根据物资采购计划，通过商品目录、商品介绍、销售代表、互联网、行业期刊和市场调研，对所需各类物资的市场分布、生产厂家、价格及其变化趋势等进行综合性的调查、分析、论证，形成供应商信息库。

（2）供货商资信审查。供货商资信审查的主要内容包括供应商的民事资格、经营范围、注册资本、生产和技术水平、履约能力和企业信誉、物资质量等，以确定其是否具有合同履约能力和独立承担民事责任的能力，由公司相关部门对供应商的装备水平、技术能力和物资质量等进行调研与考核，提供合格供应商的名单或对物资供应部门提供的备选供应商进行审查，必要时组织技术交流，议定所采购物资的技术水平。

5.选择供应商

（1）坚持以公开、公正、公平、透明和集体决策的原则选择具有独立法人资格的供应商，提供营业执照等相关有效证件。

（2）选择供应商时，坚持质量、价格和保供从优的原则。

（3）对于具备多供应源，其质量差异不明显，有较强的竞争性，并在买方市场环境下，采取招议标方式选择供应商。

（4）受国家政策影响、在单一供应源或卖方市场环境下，采取合同谈判的方式选择供应商、供货量与价格等。

（5）对于质量差异明显，市场价格变动频繁或临时性紧急采购，采取询价、洽谈、比质比价的方式选择供应商。

（6）招议标的程序及要求。

①拟定招议标请示，报公司领导批准，成立招标组，根据供应商的开发与评审情况，拟定邀请具有投标资格的供应商，起草买卖合同的技术文件和招标文件，并根据情况报相关部门进行资格和质量认可。具有投标资格的供应商不得少于3个。

②招标组成员参与开标和评标。开标前通报对原供应商的评审意见，讨论本次评标定标的原则，并在查验标书的真实性和密封完好后，进行集体开标评标；必要时，再与部分投标供应商做进一步议标，拟定中标候选供应商。

③评标结束后，编写招议标情况汇报，报公司领导批准，选定供应商。

6.前期准备及合同签订

（1）合同谈判必须由两名以上人员参加，必要时会同相关部门技术人员一起与供应商进行谈判，并保留谈判记录，按质量先行、效益优先的原则进行，在争取到最有利于我方的合同条款及合同价格后，形成合同评审意见，经相关部门会签后，报公司领导批准。

（2）由业务人员在公司确定的合格供应商范围内，发出经领导签发的采购询价函，在供应商报价的基础上进行谈判，争取到最有利于我方的合同条款及合同价格后，形成合同评审意见，经相关部门会签后，报公司领导批准，选定供应商。

（3）所有与供应商发生的采购业务必须签订并履行合同，以合约的方式控制供应商，合同履行过程中出现问题要及时报告，重要事项及时形成书面材料报公司合同管理部门处理，合同变更与解除的权限和程序与合同签订时相一致，零星采购必须经公司领导书面确认后执行。

7. 供应商的业务过程监督

（1）收集相关信息，保留采购计划、到货验收和结算资料，依据供应商档案和跟踪管理台账，对供应商的履约情况实施动态监管，及时处理合同执行过程中产生的相关问题。

（2）利用供应商的专业技术优势，组织技术交流与培训，共同研发新材料、新技术，及时发现和整改存在的问题，提高合作的质量。

（3）与供应商的资金往来及管理要求。必须依据合同及当月用款计划办理汇款申请。因故不能按期付款的，要与供应商做好沟通，避免因付款不及时导致供应中断，甚至出现法律纠纷。合同结算岗位至少每季度与供应商进行一次账目核对，尤其是定金和预付款，必须明确责任人并及时清结，确保资金安全。物资供应部门／设备保全部门每月 27 日发询价单进行询价，急需物资按各供应商供货优势，挑选 2～3 家进行询价。

（4）供应商必须在接到询价单后 4 天内将询价单返回物资供应部门，逾期 1 天视为弃权。弃权一次，将下月作为考察期，不对其发询价单。

（5）询价单的填写必须完整（主要有单价、厂家、供货时间）、字迹清楚，对询价单的内容（规格型号、厂家等）有异议的及时向采购员咨询，否则，造成的后果由供应商承担。

（6）供应商应严格按执行单或合同要求供货。

（7）每月25日前，供应商必须将上月执行单或合同执行情况以书面形式反馈给采购员。

（8）及时处理换货、退货等问题。

8. 供应商的考核评审

（1）考核原则。量化考评、公平竞争、优胜劣汰。

（2）考核组织。

①由公司分管领导指挥，物资供应部门、设备保全部门、质量部门、财务部门、生产部门、技术部门，以及相关生产单位组成评价小组。

②物资供应部门/设备保全部门每月按时组织分别对供应商本月供货物资的质量、价格、供货时间、服务等做出综合评价。

③物资供应部门/设备保全部门按时将考核结果上报公司分管领导审核。

（3）评价程序。

①每月由采购员对供应商当月供货的质量、交期、价格、服务等项目做评价，得出该月分数。每季度将每月分数进行加权平均，每年将每季度分数进行加权平均，得出年度分数。

②质量部门、财务部门、生产部门、技术部门、相关生产单位等部门有权对供应商的资金实力、供货质量、交期、服务等提出评价意见，采购员每月征集一次。

③每季度进行一次初评，每季度加权平均分数最低的两名，由物资供应部门提请供应商进行改善，或予以必要的辅导。

④年终总评，依据年度加权平均分数的情况，列出各供应商的评价等级。

⑤依照评价等级确认下一年度合格供应商名录，合格供应商名录中每年累计平均得分最低的一名为合格供应商，最高的两名为优秀供应商，中间为良好供应商。

9. 评价处理

（1）优秀供应商。由物资供应部门提交合格供应商名录报公司分管领导审核，公司总经理批准后，列入优秀供应商。可在其经营范围内参与公司全部物资采购报价。在同等条件下，优先签订合同。

（2）良好供应商。由物资供应部门提交合格供应商名录报公司分管领导审核，公司总经理批准后，列入良好供应商。可在其经营范围内参与公司物资采购的 70% 以内报价，在同等条件下，签订一定数额的合同。

（3）合格供应商。由物资供应部门提交合格供应商名录报公司分管领导审核，列为后备供应商。由物资供应部门予以必要辅导，并提供每月一次（批）试供货的机会，3 个月内没有显著改进的，降为不合格供应商。可获得 3 次（批）试供货的机会。若出现质量、服务等问题，按不合格供应商处置。

（4）不合格供应商。即予停止交易，如欲再向公司供货，需再经过公司的合格供应商调查评估。

10. 供应商复查

（1）原则上每年对合格供应商进行一次复查。

（2）出现重大质量、交期、价格、服务等问题时，取消供应商供货资格。

11. 附 则

（1）本制度自下发之日起执行。

（2）本制度解释权属物资供应部门 / 设备保全部门。

10.2　如何开发供应商

企业不应满足于原有的供应商，应不断开发新的供应商，以便寻求更多更好的供应源。同时，还应着力开发与供应商的合作关系，力求建立更深层次的合作伙伴关系。

10.2.1　供应商开发的重点与难点

在瞬息万变、竞争激烈的市场环境下，采购人员应确定供应商开发的重点与难点，从而为企业争取利益。

1. 供应商开发的重点

（1）信息充分真实。在开发供应商的过程中，调查是必不可少的环节。在该过程中，必须确保所获取的供应商信息真实可靠；只有确保信息真实，才能开展后续工作。

（2）诚恳合作、实现双赢。在询价报价过程中，供应商和企业都应抱着诚信合作的态度，而非其他商业动机。唯有如此，才能顺利开展进一步合作。因此，企业在开发供应商的过程中，既要立场坚定，也要树立合作共赢的意识；只考虑自身利益而忽略供应商利益，会导致供应商开发乃至采购活动失败。

（3）明确渠道。获得供应商的渠道应明确而多样化。其中包括网络搜寻、传统行业协会、行业展览会等渠道。

2. 供应商开发的难点

（1）供应商方面。供应商有可能为谋利而虚报产品，提高价格，修改企业信息，隐瞒产品或企业的缺陷，从而导致企业的错觉。

（2）客户方面。客户需求瞬息万变，而开发供应商需要一定的时间。如果开发时间过长，采购人员原本制定的目标可能失败。如果重新开始，就可能带来很大的经济损失。

（3）竞争者方面。如果采购市场买方竞争激烈，来自竞争的压力同样可能对采购人员进行供应商开发带来负面影响。

（4）采购企业自身方面。企业本身同样是开发供应商的难点来源之一。例如，采购部门作为独立部门，并没有得到企业高层管理者的重视，或采购人员本身没有足够的决策权，都会严重影响供应商开发和管理。

供应商开发的其他难点还包括所处环境、商业信誉、管制政策等。

10.2.2 供应商开发的策略

供应商开发的策略主要有以下几点。

1. 优化供应库，实现供应商分级管理

对供应商进行分类、减少、开发与扶持，是供应商开发策略的核心。其中，供应商数量的精简是优化供应库的第一步，以此建立新的有不同层次的供应商网络，实现对供应商的分级管理。

2. 评价供应商，提出开发目标

通过持续的供应商绩效动态评价，发现供应商的改进机会，选择最佳供应商，提升供应商的整体改进效果。为此，企业应确定供应商开发的中长期目标，并使之与企业战略一致。

3. 加强关系培养、促进协调效应

通过与供应商构建战略合作伙伴关系，企业可以和供应商建立长期的、互惠互利的合作关系。其中的主要策略如下。

（1）从为库存采购向为订单采购转变。确保生产、采购计划和供应商开发管理计划并行，缩短对客户需求的响应时间。

（2）从促进采购管理向外部资源管理转变。通过提供信息反馈和教育培训支持，促进供应商质量改善和保证，参与供应商的产品设计和产品质量控制过程。

（3）从责任自负、各自为战向责任共担、协同发展转变。以此整合供应商资源，实现协同发展。

（4）从价格争议向积极激励转变。建立有效的市场响应，以用户服务、供应商管理等多方面为评价标准与激励机制，对优秀供应商进行奖励。

（5）从一般买卖关系向战略合作伙伴关系转变。企业应克服部门和本位主义，对生产与经营系统设计中的不足予以改进，重视供应商在合作关系中

的作用与利益。

10.2.3　供应商资料表

供应商基本资料表如表 10.2-1 所示。

表 10.2-1　供应商基本资料表

公司信息	
供应商名称	
公司性质	
总部地址	
公司产值及利润情况	
产品信息	
拥有品牌	
所属品类	
产品优势	
产品劣势	
渠道信息	
覆盖区域	
渠道结构	
覆盖模式	
配送能力	
配送中心	
订单满足能力	
到货时间	
销售队伍	
组织结构	
队伍规模	
主要职责	

供应商建档资料表如表 10.2-2 所示。

表 10.2-2　供应商建档资料表

建档类型： □ 新增 □ 变更				

供应商基本信息

供应商编号			厂商编号	
供应商名称	全称		简称	
供应商地址	国别	省份	详细地址	
联络人	业务窗口		公司负责人	
	姓名		姓名	
	电话		电话	
	传真		传真	
供应商经营信息	注册资本		注册类型	
	税务登记证号码		厂商性质	
	经营范围			
收款银行资料	账户名称			
	银行名称			
	银行地址			
	银行账号			
交易条件	交货条件		交易币别	
	付款方式		付款期限	
	交易认定基准日		付款期限起算日	

新增 / 变更原因：

申请单位	申请人主管		申请人		申请日期	

评鉴说明：

供应商资料管理表如表 10.2-3 所示。

表 10.2-3　供应商资料管理表

供应商信息					产品情况						运输		
名称	地址	联系人	电话	邮箱	产品名称	规格	价格	质量	可供量	市场份额	方式	时间	费用

10.2.4　供应商问卷调查表

供应商问卷调查表如表 10.2-4 所示。

表 10.2-4　供应商问卷调查表

供应商				
地址		邮政编码		
法人代表		联系电话		
总经理		联系电话		
网址		传真		
提供物料		类别	□原辅料　　□内包材　　□外包材	

1	基本情况
1.1	公司的成立时间：
	注册资本：
	公司性质：
1.2	公司占地面积：
	厂房面积：
1.3	请附公司的组织结构图：
	□是　　　□否
1.4	请列出公司的生产范围：
1.5	年正常生产天数：
	每天生产班次：
	每班生产时间：
1.6	通过的国内安全或质量认证情况

证书名称	证书编号	认证时间

1.7	通过的国际安全或质量认证情况

（续表）

证书名称	证书编号	认证时间

1.8	公司质量体系为：	
	□GMP质量体系　　□ISO9000质量体系　　□其他	

1.9	产品执行标准	□国际标准 □国家标准 □行业或地方标准 □企业标准
	执行标准编号及级别	
	产品合格率	（填上年度的产品合格率）

产品主要质量和安全指标

序号	项目	指标	检测方法

1.10	请列出供应物料所在车间和同一生产线的其他产品

1.11	请说明避免混淆所采取的措施

2	人员	是	否	备注
2.1	质量独立于生产吗			

（续表）

		是	否	备注
2.2	质量体系由质量控制和质量保证组成吗			
2.3	是否有培训体系			
2.4	是否有培训记录			
2.5	人员结构			
	公司总人数			
	生产人员数量			
	质量人员数量			
	检测人员数量			
	技术人员数量			
2.6	质量部门负责人姓名、职位：			
3	物料管理	是	否	备注
3.1	进厂原材料的接收、入库、取样、检测、放行或拒收、储藏是否有书面规定			
3.2	接收原材料时是否检查标签内容与实际一致，外包装是否完好，物料有无污染情况			
	这些检查是否被记录			
3.3	原材料储藏是否能避免混淆、交叉污染			
3.4	是否有合格供应商名册			
3.5	仓库的温湿度是否满足要求			
3.6	是否有供应商管理程序			
4	设施设备	是	否	备注
4.1	设施的选型、设计、安装是否最大程度减少潜在污染			
4.2	设施均是否完好，能投入生产			
4.3	设施是否洁净有序，得到正确的维护保养			
4.4	设备是否有唯一的编号供识别			
4.5	请简要描述一下空调体系（如有）			
4.6	请简要描述一下水系统			

		是	否	备注
4.7	请列出主要生产设备及检测设备			
		是	否	备注
4.8	是否有年度维护保养计划			
	若有，这些维护保养行为是否被记录			
4.9	设备计量是否经过校验并有标识			
4.10	是否有设备清洁的程序规定			
4.11	是否生产高活性产品，如青霉素、激素等			
5	文件	是	否	备注
5.1	是否有规定怎样起草标准文件的文件			
5.2	是否保存历史标准文件			
5.3	是否定期修订标准文件			
5.4	是否有文件规定QA放行			
5.5	标准文件是否受控			
5.6	是否有清洁规程			
5.7	谁负责文件的修订及发放			
5.8	文件存放在何处			
5.9	文件存放期限是多久			
6	生产与工艺规程	是	否	备注
6.1	是否有工艺规程			
6.2	是否包括物料名称及编号			
6.3	是否包括各起始物料反应方程及数量比例			
6.4	是否包括生产车间及所用设备名称及编号			
	是否有批生产记录			
6.5	每批产品是否有唯一可辨别的批号			
6.6	是否有程序规定批号的形成			
6.7	产品批号是否可追溯供应商原材料批号			
6.8	生产原材料和包装材料是否受控			

（续表）

	是否有生产控制	是	否	备注
6.9	是否有人复核关键工艺参数			
6.10	是否有书面程序规定过程关键控制点所控制范围			
6.11	重点控制工序			

工序名称	控制指标

7	企业提交调查表时，应同时提交以下材料
	（1）有效期内工商营业执照、产品生产许可证（无须办理许可证的除外）、药品注册证等有效证件的复印件。 （2）企业法定代表人或负责人有效身份证复印件。 （3）标有关键参数的企业生产工艺流程图复印件。 （4）产品执行标准复印件。 （5）已获得HACCP认证证书、ISO9001认证证书、出口食品卫生注册（登记）证和其他证书（如有）的，提供证书复印件。 （6）企业组织机构图。 （7）审查要求提供的其他材料

填表者情况（请签字后返回）

职位	姓名	签字	日期

以下由本公司填写

QA 初步 评价	（1）资质是否齐全　　　　　　　　　　　　　　　　　　　是□　否□ （2）是否按GMP/ISO/食品安全管理体系执行　　　　　　是□　否□ （3）是否可以提供3批产品COA及样品　　　　　　　　　　是□　否□
	结论： □ 同意该供应商问卷内容 □ 不同意该供应商问卷内容 　　　　　　　　　　　　　　　　　　签字/日期：

10.2.5 供应商调查表

供应商调查表如表 10.2-5 所示。

表 10.2-5 供应商调查表

被调查方		评估内容	是或否	附加证据	自我评分 日期				现场评分				备注
项目	序号				0	1	1.5	2	0	1	1.5	2	
	☆1	是否获得 ISO9001/TS16949 质量体系认证											
	☆2	是否获得 ISO14001 环境体系认证											
	×3	附：是否获得其他认证，如 GP、UL 等											
	×4	附：是否获得 OHSAS18000 认证											
公司简介	☆5	是否有制定合适的公司质量目标											
	6	公司的质量目标是否经过考核并能按预期达成质量目标											
	7	未能达成的目标是否经过改善并在改善后达成											

（续表）

项目	序号	评估内容	是或否	附加证据	自我评分				现场评分				备注
					0	1	1.5	2	0	1	1.5	2	
	8	是否有开发新产品的能力											
	9	是否有产品开发控制程序											
	10	是否有开发部门组织结构图											
	11	新产品开发是否经过评审并记录											
	12	是否进行潜在失效模式分析并记录											
产品开发及变更管理	13	是否有 4M 变更的处理程序											
	14	是否验证变更并记录											
	15	（如 ECN/CN）变更是否通知到客户											
	×16	变更产品是否经过试产并对所产生的不良反应进行分析改善											

（续表）

项目	序号	评估内容	是或否	附加证据	自我评分				现场评分				备注
					0	1	1.5	2	0	1	1.5	2	
制程控制	☆17	重点岗位作业人员是否经过专业技能培训											
	18	是否有定期培训计划并执行											
	☆19	每个岗位是否有对应SOP											
	20	产品是否有标示追溯管控											
	×21	产线是否有SPC管制图或其他管控制图											
	22	作业人员是否了解公司的质量方针/目标											
	23	产线中使用的仪器/量具是否定期被校验											
	24	是否制定产品追溯程序/规范											
	25	生产时发现不良反应是否对其进行有效改善并记录											
	26	是否制定不良品返修流程											
	27	生产仪器使用前是否经过校正/点检											

（续表）

项目	序号	评估内容	是或否	附加证据	自我评分				现场评分				备注
					0	1	1.5	2	0	1	1.5	2	
质量管理	☆ 28	是否有质量部门组织结构图											
	☆ 29	是否有进料检验规范											
	30	来料异常时是否进行回馈并进行追踪改善											
	31	是否制作产品 QC 流程图											
	32	是否有纠正预防管理措施程序／办法											
	33	是否有客户投诉异常处理程序／办法											
	34	是否制定客户投诉时效性											
	35	客户投诉改善效果是否理想并持续追踪											
	× 36	是否对不合格品进行有效管控（程序／办法）											
	37	发生不良反应后是否能有效追溯（程序／办法）											
	38	是否制定成品检验程序／规范											
	39	是否对出货产品做检验并记录											
	40	是否制定产品可靠性试验规范并记录结果											

（续表）

项目	序号	评估内容	是或否	附加证据	自我评分					现场评分					备注
					0	1	1.5	2		0	1	1.5	2		
采购管理	☆ 41	是否有供货商的管理程序／规范													
	42	是否对供货商进行评估													
	43	供货商是否为合格供货商													
	╳ 44	是否每月对合格供货商进行绩效评定及考核													
仓储管理	☆ 45	是否有仓储管理程序／办法													
	46	是否制定库存保存期限及处置办法													
	47	是否有化学品管理程序／规定及专用仓库													
	48	是否将 RoHS 物料与非 RoHS 物料分开管制													
客户满意度调查及管理	☆ 49	是否制定客户满意度调查程序／规范													
	50	客户满意度是否被列入质量目标中进行考核													
	51	是否对客户满意度进行调查并分析记录													
	52	是否对客户不满意的方向进行改善并记录													

（续表）

项目	序号	评估内容	是或否	附加证据	自我评分				现场评分				备注
					0	1	1.5	2	0	1	1.5	2	
职业安全管理	53	是否建立职业安全程序文件											
	54	是否有消防安全的措施及设备											
	55	是否定期进行职业安全训练											
	56	所有用电设备是否有接地保护											
	×57	特殊岗位是否有相应的职业安全保护措施											
得分	自我评分				现场评分								

说明：

（1）× 号部分为需要规划的内容，如暂无，应回复具体完成日期于完成后提供证据，可加分。

（2）☆ 号部分为必备的内容，可提供证据，作为优先考虑条件。

（3）评分标准：书面稽核得 80 分以上为合格，工厂审核得 70 分以上为合格。

a. 无文件、无执行（证据）得 0 分。

b. 有文件、无执行（证据）或无文件、有执行得 1.5 分。

c. 有文件、有执行，但执行有缺失得 1 分。

d. 有文件并执行完善得 2 分。

（4）收到此调查表后，供应商需认真如实填写，一周内反馈，过期视为弃权，将取消供应商资格。如提供数据属虚假数据，同样取消供应商资格。

（5）对于以上内容中不使用的项目直接填写"N.D."

稽核确认：	采购部门确认：	质量部门确认：	技术部门确认：	领导审核：

10.2.6 供应商评估考核表

供应商评估考核表如表 10.2-6 所示。

表 10.2-6 供应商评估考核表

供应商名称			评核阶段			评核日期	
供货类型			评核类别			备注	
序号	项目	权重	评估细则	得分	实际得分（0～100）	评核部门	评核人
1	品质（40分）	30%	批次合格率＝检验合格批次数÷总进料批次数。得分＝批次合格率×30				
		10%	因原材料品质问题造成公司生产中断、生产效率降低或现场退货的，每发生一次扣 2 分				
2	交期（20分）	10%	按时交货率＝按时交货批次数÷总进料批次数。得分＝按时交货率×10				
		5%	供应商文件资料提交的时间和完整情况				
		5%	收到订单后必须于 24 小时内回复，24 小时内没有回复的情况每发生一次扣 1 分				
3	价格及付款方式（20分）	10%	供应商产品价格在同行业中的定位				
		5%	月结 90 天（含 90 天）评 5 分，月结 60 天评 4 分，月结 45 天一般评 3 分，月结 30 天评 2 分，货到付款评 1 分，预付款评 0 分				
		5%	是否有降低成本的行为及态度，报价是否及时，是否具体、是否客观，透明				

（续表）

序号	项目	权重	评估细则	得分	实际得分（0～100）	评核部门	评核人
4	投诉处理（10分）	5%	来料异常反馈单逾期回复，每发生1次扣1分				
		5%	供应商品质异常的处理速度				
5	服务（10分）	10%	拖延或拒绝退货和换货服务。拖延或拒绝处理品质异常情况，每发生1次扣2分				
	合计	100%					
标准	总得分80分以上:A级					最终得分	
	总得分60～79分：B级					最终评级	
	总得分60分以下：C级					备注	
	评定为A、B级的为合格供应商，评定为C级的为不合格供应商。如果其产品品质得分低于18分，也将被判为不合格供应商						
	采购人员：		采购经理：	日期：			日期：
	日期：						

10.2.7 供应商标准评价表

供应商标准评价表如表 10.2-7 所示。

表 10.2-7 供应商标准评价表

供应商标准评价表		记录编号：
		发布日期：
		第 1 页 共 3 页

供应商 名称		产品类别	
联系人		电话	
地址			

评价 项目	评价标准	分值	得分
技术 方面	有完善的产品开发设计控制制度，能自主设计、自主开发（10 分）	0~10	
	设计控制制度不完善、不规范，仅能开发简单的产品或部分零部件（5 分）		
	仅能按照公司样品进行制造，无产品设计及开发能力（1 分）		
生产 工艺	现场文件受控，有生产工序作业指导书，现场员工均按标准操作（10 分）	0~10	
	作业指导书不全面，部分作业指导书未及时更新，员工不完全按标准操作（5 分）		
	无作业指导书，员工凭经验操作，领导凭口头指导（1 分）		
设备 维护与 保养	有完整的设备管理办法，设备的采购、操作和保养均能被有效控制，对不同设备进行不同级别的保养，设备经常处于完好状态（10 分）	0~10	
	有重要设备的保养计划，但设备管理办法不全，不能保证设备经常处于完好状态，有因设备损坏而造成停工的情况（5 分）		
	无设备管理制度，设备出大问题才进行维修，经常影响生产（1 分）		

（续表）

	供应商标准评价表	记录编号：
		发布日期：
		第 2 页 共 3 页

评价项目	评价标准	分值	得分
生产现场管理	有完整的现场管理规范，如自检、互检、巡检制度，5S 现场管理法（10 分）	0~10	
	有完整的管理制度，但执行力度不够，导致产能波动较大或出现漏检等情况（5 分）		
	无管理办法，凭管理者口头指导，质量无法保障（1 分）		
质量管理体系	质量管理体系结构完善，体系运行有效，能认真按质量手册和程序文件执行（10 分）	0~10	
	质量管理体系文件化，但不完善，体系基本能运行，质量手册和程序文件的规定不够严谨（5 分）		
	无质量管理体系文件，只有一些口头程序或习惯性做法（1 分）		
检验过程控制	产品检测标准化、流程化、文件化，员工严格按照规定操作，检验结果有专人校对（10 分）	0~10	
	能自主控制关键检验过程，但有时不能严格按照文件操作，检验结果由检验员一人负责填写（5 分）		
	检验过程不严格，经常出现产品漏检或者缺陷产品流露在外的情况（1 分）		
成本价格	能改善流程、提高效率、降低成本、结合市场价格变化，产品价格稳中有降（10 分）	0~10	
	对降低成本有认识，但措施或方法不到位，产品价格有小幅波动（5 分）		
	未采取措施降低原材料价格，产品质量不稳定，价格随市场波动大（1 分）		

（续表）

评价项目	评价标准	分值	得分
	供应商标准评价表 记录编号： 发布日期： 第3页 共3页		

评价项目	评价标准	分值	得分
产品交付	完全按合同要求的期限和交货条件交货（10分）	0~10	
	基本能按照合同要求的期限和交付条件交货，偶尔有延误（5分）		
	经常延误交付日期，交付条件经常变更（1分）		
售后服务	有良好的售后服务，主动调查客户需求，能及时纠正客户投诉反映的问题，并能将相关信息反馈给客户（10分）	0~10	
	及时处理客户投诉，但未能及时纠正投诉反映的问题，同一问题多次被投诉（5分）		
	对客户投诉经常推卸责任，拖延很长时间才给予解决，类似问题经常发生（1分）		
组织管理	管理团队优秀，岗位职责明确，企业组织结构合理，离职率低于同行业平均水平（10分）	0~10	
	管理团队一般，组织结构不明确，岗位职责不明，一人身兼多职（5分）		
	管理团队较差，办事全凭领导指示，组织结构不全，岗位职责不清，办事效率低下，经常推诿（1分）		
评价结果	合计		

备注：总分100分，90分以上为优，70～89分为良，69分以下为差

复核人		审核人		填表人	

10.3 如何进行供应商绩效管理

供应商绩效管理的目的，在于建立起合作伙伴关系后，为实现互惠互利

而对供应商进行有效激励、帮助、奖惩和淘汰，这些都离不开对供应商绩效全面、系统、客观、准确的评价与了解。

建立完善、系统的供应商绩效管理体系，企业才能推动高效采购，实现良好的经营业绩。

10.3.1　供应商绩效管理的目的与原则

供应商绩效管理，是对供应商各种应要求达到目标的水平进行计量与评估，同时也综合考核供应商的品质与能力。

1. 供应商绩效管理的目的

供应商绩效管理的主要目的是确定供应商的供应是否能按照企业要求按时完成订单，同时通过发现、比较以保留并巩固优秀的供应商，淘汰绩效差的供应商。确保供应商供应的质量，稳定货源，迅速开发新产品，及时准确地提供配套服务。

通过供应商绩效管理，还能了解供应商存在的不足，并及时将不足反馈给供应商，促进供应商改善业绩，尽可能降低企业的运营成本。

总之，供应商绩效管理的目的，是确保企业找到最好的供应商，加强供应商发展的基础，通过需求整合改善企业的采购地位。

2. 供应商绩效管理的原则

对供应商的绩效管理，企业不能单方面地设定指标去衡量其绩效，而要在保证整体运行效益的基础上，设立企业和供应商共同认可的原则。

（1）持续进行，定期检查。企业应定期对供应商进行考核，这种定期考核能激发供应商致力于改善自身绩效、提高供应质量。

（2）充分考虑环境影响，按照实际需要调整。供应商的绩效总会受到多种外在因素的影响，因此对供应商的绩效进行评估时，应充分考虑外在因素带来的影响。此外，还应按照实际需要，灵活调整供应商绩效管理的原则。

（3）绩效指标与企业总体采购水平相适应。供应商绩效考核，应考虑绩效指标与企业总体采购水平相适应。随着供应商管理程序的健全、采购管理制度的完善、采购人员水平的专业化、供应商管理水平的不断提高，供应商绩效指标也应不断系统化、整体化。

（4）绩效指标应明确和细化。选择的供应商绩效指标应明确和细化，得到企业内外的认同。为此，需要既考虑客户的需求，也注重企业内部部门的需要，更要实事求是地设定客观可行且具备挑战性的目标。

（5）建立双赢的战略合作关系。供应商绩效管理是为了与供应商建立双赢的战略合作关系，并非只是为了指责或淘汰供应商，借以压低成本。企业采购部门必须清楚，供应商绩效管理的基本原则在于推动供应商的成长，让其能做得更好。

10.3.2　供应商绩效考核的方法与步骤

企业应基于以下5个方法与步骤对供应商进行绩效考核。

1. 划分考核层次

进行分层次考核的目的，在于对核心、重要的供应商进行关键指标的评估，以保证能尽早发现合作过程中的问题。对于大部分供应商，应通过季度考核和年度考核对其不断进行检查，通过扩充考核要素，对供应商进行较为全面的考核。

划分考核层次的通常做法，是划分月度考核、季度考核和年度考核的标准。其中，月度考核一般针对核心供应商及重要供应商，每月进行1次。季度考核针对大部分供应商，每季度进行1次。年度考核通常针对所有的供应商，每年进行1次。考核要素包括产品质量、交期、成本、服务和技术合作等。

2. 建立考核准则

该阶段的重点在于根据供应商的产品对供应商进行分类，对不同类别的供应商建立不同的考核细项，包括各种不同的考核指标和每个指标所对应的权重。

3. 划分绩效等级并分析

对供应商的每项指标进行具体考核后，随后对供应商的绩效表现进行等级划分。例如，将供应商绩效分成 5 个等级。依据绩效等级划分，能清楚地衡量不同供应商的表现。

在掌握各个供应商的表现后，对考核结果进行有针对性的分类，并进行绩效分析。绩效分析可以从 3 个角度进行，即根据本次考核期供应商的得分和总体排名进行、根据类似供应商在本次考核期的表现进行、根据该供应商的历史绩效进行。

4. 分类并调整采购策略

企业可以根据供应商的绩效表现，对供应商重新进行分类，有针对性地调整采购策略。

具体方法是，以供应商绩效和考核期所采购金额为两大维度进行分析。对于绩效表现良好的供应商，无论采购金额是多少，都可以暂时不用过多关注。对于绩效表现不佳、采购金额很多的供应商，企业应积极寻找替代供应商，并采取措施进行改善。对于绩效表现不佳，但采购金额不多的供应商，则应采取更换策略进行调整。

5. 反馈结果并督促改善

对供应商绩效进行分析后，应及时将考核结果反馈给供应商，确保供应商了解自身哪里做得好、哪些地方表现不佳。

对于那些希望继续合作但表现不够好的供应商，应尽快设定供应商改善目标。改善的目标必须明确，以便让供应商集中精力进行改善。

10.3.3　供应商绩效考核表

供应商绩效考核表如表 10.3-1 所示。

表 10.3-1 供应商绩效考核表

供应商名称				类别		前期级别	本期级别	本期考核时间段	
联系人	E-mail	电话		传真				起	
								止	
供应商供货交期考核（35%）									
年份									
月份	1月	2月	3月	4月	5月	6月	7月	8月	9月	10月	11月	12月	合计
供货批次数													
供货及时批次数													
及时交货率													
供应商供货交期考核分数													
供应商供货质量考核（35%）													
月份	1月	2月	3月	4月	5月	6月	7月	8月	9月	10月	11月	12月	合计
供货数量													
拒收（报废）数量													
供货批次数													
不合格批次数													
退货率													
不合格率													
供应商供货质量考核分数													
供应商新产品开发能力考核（20%）													

（续表）

月份	1月	2月	3月	4月	5月	6月	7月	8月	9月	10月	11月	12月	合计
产品询价次数													
产品报价成功次数													
平均报价周期													
产品开发个数													
产品开发及时个数													
产品开发一次成功的次数													
平均开发周期													
报价成功率													
产品开发及时率													
产品开发一次成功率													
供应商新产品开发能力考核分数													
供应商纠正持续改善能力考核（10%）													

月份	1月	2月	3月	4月	5月	6月	7月	8月	9月	10月	11月	12月	合计
客户投诉及拒收次数													
重大来料不合格次数													
报告不规范次数													
成本降低产品个数													
供应商纠正持续改善能力考核分数													
产品质量问题汇总													

（续表）

零件号		发生次数	问题描述	8D（是或否）	发出日期	纠正措施	验证日期	是否关闭
	来料检验							
	客户投诉							
供应商绩效考核分数（100%）								

年份													
月份	1月	2月	3月	4月	5月	6月	7月	8月	9月	10月	11月	12月	合计
供应商绩效考核分数													

10.3.4　供应商绩效评价表

供应商绩效评价表如表 10.3-2 所示。

表 10.3-2　供应商绩效评价表

一、基本信息

供应商名称		主要供货产品	
开始供货日期		联系电话	
考核日期		考核类型	□季度考核　　□年度考核
考核项目	**占总分比例**	**考核部门**	**备注**
质量	40%	质检部门	质量得分＜25 分者，视为 D 级不合格供应商

（续表）

考核项目	占总分比例	考核部门	备注
交期	30%	采购部门	交期准时满分，每迟一天扣 3% 分值
服务	30%	采购部门	态度积极，能及时解决问题：81 分以上
			态度一般、服务不太到位：61 ~ 80 分
			服务差、不配合：60 分以下

二、分数计算

（1）质量得分 =[1-（进料不合格批数 ÷ 总进料批数）] × 40=＿＿分

（2）交期得分 =[1-（进料逾期批数 ÷ 总进料批数）] × 30=＿＿分

（3）服务得分 =＿＿＿分

（4）总得分 =＿＿＿分

三、考评分级

A	85 分以上	优秀供应商，可加大采购数量
B	70 ~ 84 分	合格供应商，可正常采购
C	60 ~ 69 分	合格供应商，但需向客户反映问题
D	< 60 分	不合格供应商，向客户建议淘汰该供应商

该供应商综合考评等级为：＿＿＿＿级

□继续纳入合格供应商名单
□从供应商名单中删除

采购经理：　　　　　　　　　　　　　　　总经理：

10.3.5 供应商绩效评价月度评分表

供应商绩效评价月度评分表如表 10.3-3 所示。

表 10.3-3 供应商绩效评价月度评分表

考核项目	考核内容	分值	得分	执行部门	备注
		日期			
供应商名称		供应商编号			
质量（40分）	不合格，但不影响生产，扣2分			质检部门 计划部门 采购部门	
	不合格，影响生产但没有影响客户交期，扣5分				
	不合格，影响客户交期，扣10分				
	（40+分值）×（1−不合格规格数÷总交货规格数）				
交期（35分）	延期，但不影响生产，扣2分			计划部门 采购部门	
	延期，不影响生产且发生3次及以上，扣5分				
	延期，影响生产但不影响客户交期，扣5分				
	延期，影响客户交期，扣10分				
	（35+分值）×(1−迟交货规格数÷总交货规格数)				
服务（25分）	合同及票务处理不及时扣3分			采购部门	
	不良品处理拖延扣2分				
	对不良品更换置之不理扣4分				
	交期回复拖延扣2分				
	订单交期不予回复扣4分				
	价格变动没有达成一致，故意拖延，不处理订单，扣5分				
	包装要求不符合我司规范，屡教不改，扣5分				
	25+分值				
加分项					
根据市场行情，主动降价，加10分				采购部门	
对于采购物料给出有效建议，能降低成本，加5分				采购部门	

（续表）

考核内容	分值	得分	执行部门	备注
通过询比价给予降价的，降价当月加 5 分			采购部门	
连续 3 个月考评为 A 类供应商的，在第 4 个月加 10 分			采购部门	
能接受承兑票付款的加 2 分			采购部门	
总得分				

等级	总得分	奖惩
A	90 分以上（不含 90 分）	获得优先付款利益，加大采购数量
B	70 分到 90 分（含 70 分、90 分）	正常采购
C	低于 70 分	减量采购，甚至可不采购

注：在次月 5 日前（如遇法定假日顺延）对供应商进行月度考核，并公布考核结果

10.3.6 供应商年度绩效评审报告

供应商年度绩效评审报告如表 10.3-4 所示。

表 10.3-4 供应商年度绩效评审报告

供应商名称		供应商编号			
供应材料或加工类别					
评审时机	□初次评审 □年度评审 □其他				
评审项目		最大分数 每个项目	实际得分 每个项目	实际（%） 每个项目	目标（%） 每个项目
1	管理职责				
2	文件图纸控制				
3	进料检验				
4	过程控制				
5	最终检验				
6	不合格品的控制 及纠正预防措施				
7	设备／仪器控制				
8	计划／产能				

（续表）

评审项目		最大分数 每个项目	实际得分 每个项目	实际（%） 每个项目	目标（%） 每个项目
9	仓储管理				
10	培训				
11	基本工作条件和环境				

评分标准

0——相关条款没有文件规定，且无记录表明已执行
1——相关条款有文件规定，但大多无记录表明已执行但大多无相关文件规定
2——适当的条款有文件规定并可行且大部分被执行
3——必需的条款有文件规定且有记录表明在整个公司执行
4——程序完整且有完善的纠正措施并持续改进

对评分的意见	
参加评审人员意见	

需改进措施：

无

有

改善计划报告编号：_____

参加评审人员汇总
（人员 / 部门 / 时间）

（续表）

备注		
客户代表签字		
采购经理意见		
采购部门意见	□同意 □不同意 □其他	
总经理审批意见：		
	签字	日期

10.4　如何维护供应商

建立和维护与供应商之间的良好合作关系，是企业采购部门在供应商管理中的核心任务。通过对供应商的维护，建立良好的采购供应关系，这样双方协商的时间会变得更短，问题也更容易解决。

10.4.1　供应商行为守则模板

×××商贸有限公司供应商行为守则

×××商贸有限公司（以下简称公司）秉承与供应商共同发展的理念，致力于与供应商建立"双赢"的战略合作伙伴关系，通过组织有效的产品流转，为合作伙伴带来合理的利润。

由于供应商的行为会影响公司的声誉，同时为使公司的供应商能清楚地了解公司的立场，特制定公司供应商行为守则。此守则针对公司现有的供应商及目前正在考虑进行合作的供应商制定，要求全体供应商恪守以下行为守则。

1. 遵纪守法

要求供应商与公司合作期间的所有经营行为完全遵循国家法律、法规、规章、规定的要求。

2. 产品安全

要求供应商所提供的所有产品都符合国家相关主管部门要求达到的各项标准。

3. 知识产权保护

要求供应商所提供的产品均不存在任何权利瑕疵，不侵犯任何第三方合法权利，否则，供应商应按照双方签订的合同约定承担法律责任。

4. 诚信清廉关系

公司的员工与所有供货商的交往应仅限于正常的业务关系，不得索取任何形式的个人利益，不得接受供应商的礼品、馈赠、现金、样品等。不得与供应商建立社交上或非生意上的关系，员工以个人名义向供应商提出的任何要求都应由本人直接向公司管理层汇报，否则公司管理层将根据员工奖惩条例给予员工严厉处罚直至追究法律责任。

5. 特别确认

请供应商确认已仔细阅读、充分理解本行为守则的相关规定，并保证在与公司合作期间，严格遵守本行为守则。若供应商违反本行为守则，则视为供应商根本性违约，除应承担违约责任外，公司还可以据此单方面决定解除双方的合同关系。

供应商名称：

供应商代表签字：

供应商公章：

10.4.2　供应商维护措施与方法

供应商关系维护至关重要，通过正确的措施与方法，企业能与供应商发展深度的合作伙伴关系，改变原有的竞争关系，并增强双方优势。

主要的措施与方法如下。

1. 维持适当的供应商数量

较少的供应商数量能让企业更多地集中管理资源，最终降低成本并增加利润。但另一方面，新的供应商有可能带来新的思想、技术和产品，并对企业的创新发挥很大作用。尤其对关键、紧缺的材料，多个供应商能避免意外问题产生。因此，企业需要综合各方面因素考虑，维系适当的供应商数量，形成良好的供应商关系。

2. 建立激励机制，形成合理的评价方法和手段

没有有效的激励机制，就无法维持良好的供应关系。在对供应商绩效进行科学评估的基础上，还应将评估结果反馈给供应商，并和他们共同探讨问题产生的根源，结合有效的激励方法，采取相应的措施对问题予以改进。这样就能建立起与供应商稳定的长期合作关系。

3. 引入供应商参与新产品开发

企业应和供应商共同制定长期发展规划，让供应商参与企业的管理进程，尤其应引入供应商参与新产品开发进程。这种方法能帮助企业清楚了解自身强项和弱项，同时在某些方面找到学习的标杆。

4. 信息交流与共享机制

加强供应商与企业的信息交流，包括在双方之间经常进行有关成本、作业计划、质量控制等相关信息的交流，这样可以保持信息的一致性和准确性。

5. 灵活处理事务，建立关系管理绩效标杆

在企业供应链上的所有合作成员，都应共同分析成本、利润、绩效标准及数据、跟踪历史和预测利润率等信息，将绩效管理重点放在管理供应商与企业的共同利益上，从而共享利润、共同分担风险，灵活处理各种事务。

10.4.3 供应商筛选审核表

供应商筛选审核表如表 10.4-1 所示。

表 10.4-1 供应商筛选审核表

编号：　　　　　　　　　　日期：

采购项目				筛选供应商数量			筛选人员		

供应商名称	生产技术			设备情况			产品质量			服务水平			认证水平			管理水平		
	优	良	差	优	良	差	优	良	差	优	良	差	优	良	差	优	良	差
筛选结果																		
筛选总结																		

总经理审批意见：

日期：　　年　　月　　日

10.4.4　供应商退出申请表

供应商退出申请表如表 10.4-2 所示。

表 10.4-2　供应商退出申请表

类别： □ 供应商提出终止供货 □ 供应商不能满足业绩要求，终止供货			
申请专业公司	申请部门	申请人	申请日期
	采购部门		
退出供应商基本情况			
供应商名称			
地　址			
联系人		电话	
开始配套日期		前年年度配套额	
配套产品			
退出原因			
专业公司意见	签字／日期：		
专业公司总经理意见	签字／日期：		
集团采购管理部门审批	签字／日期：		
备注	退出日期		
	替代供应商		

10.4.5 供应商奖惩表格

供应商处罚通知单如表10.4-3所示。

表 10.4-3 供应商处罚通知单

年　月　日

供应商名称			供应物资名称	
规格（型号）			数量	
处罚原因			处罚依据	
处罚扣款方式	现金□　　货款□		处罚金额	
索赔项目	质量		损失费（元）	
	价格		损失费（元）	
	交期		损失费（元）	
	服务		损失费（元）	
	其他		损失费（元）	
处理意见				

注：供应商如对该处罚有异议，请在5日内与我公司采购部门联系，否则视为认可该处罚。

优秀供应商评选表如表 10.4-4 所示。

表 10.4-4　优秀供应商评选表

供应商名称					
联系人	电话			备注	
	传真				
供应产品名称			产品执行标准		

序号	供应商自评	
1	质量体系	质量体系认证 □　　无 □
2	执行标准	能执行标准 □　　无标生产 □
3	企业注册资金	300 万元以上 □　　100 万元以上 300 万元以下 □　　50 万元以下 □
4	生产方式	流水作业成批生产 □　　单件生产 □
5	设计能力	自行设计 □　　能设计简单产品 □　　不能设计 □
6	企业年资	10 年以上 □　　5 年以上 10 年以下 □　　5 年以下 □
7	企业人资条件	500 ～ 1000 人 □　　100 ～ 500 人 □　　0 ～ 100 人 □
8	企业业绩	年产量 100% ～ 200% □　　年产量 70% ～ 90% □　　年产量 60% 以下 □

序号	我司评审	
1	提供产品质量	优 □　　　　良 □　　　　一般 □
2	服务情况	优 □　　　　良 □　　　　一般 □
3	生产能力	超过历年最高销售量 □　　基本满足 □　　不满足 □
4	按时交货情况	较好 □　　　　一般 □　　　　较差 □

采购部门评审意见：

按照评审标准，对供应商资质、生产能力以及提供产品质量等进行评定，该供应商基本 (符合 /
不符合) 我公司对合格供应商的要求，建议将该供应商 (列入 / 不列入) 我公司优秀供应商名录中

评审人：　　　年　月　日

技术部门评审结论：

同意将该供应商 (列为 / 不列为) 我公司优秀供应商

评审人：　　　年　月　日

（续表）

评审结论：						
同意将该供应商 (列为 / 不列为) 我公司优秀供应商						
			分管领导：		年 月 日	

年度复评记录

年度	是否继续列入优秀供应商名录		批准		日期	
年度	是否继续列入优秀供应商名录		批准		日期	
年度	是否继续列入优秀供应商名录		批准		日期	

10.4.6　供应商自评表

供应商自评表如表 10.4-5 所示。

表 10.4-5　供应商自评表

文件编号		结果 (是 / 否 / 无)
A. 质量管理系统		
A.1　实行 APQP (Advanced Product Quality Planning，产品质量先期策划，是 QS9000/IATF16949 质量管理体系的一部分，以下均简称 APQP)		
A.1.1	APQP 的程序是否能够满足客户的期望以及汽车行业针对零件递交的方式是否被供应商利用	
A.1.2	供应商是否理解工艺过程批准程序	
A.1.3	供应商是否显示出工艺流程图的知识	
A.1.4	供应商是否显示出失效模式和结果分析的知识	
A.1.5	供应商是否显示出控制计划方面的知识	
	供应商之间是否有数字化连接	
A.2　支持启动活动		
A.2.1	供应商是否理解 APQP 时间表的每个要素	
A.2.2	供应商是否建立启动遏制计划	

（续表）

A.2.3	针对产品供应商是否采用适当的防错方法	
A.3 制造质量		
A.3.1	是否有程序确保所有文件和活动受控	
A.3.2	作业指导书是否在其相应位置被完成，并且和控制计划有联系	
A.3.3	标准样件是否被使用和维护	
A.4 指导适当和具有规定的问题解决方法的能力		
A.4.1	供应商是否确认分类优先问题	
A.4.2	供应商是否对解决问题采取适当的方法，并且采取适当的问题解决工具	
A.5 及时有效遏制和解决问题的能力		
A.5.1	供应商是否有一个过程 / 程序隔离客户发生问题的影响直到永久措施被实施	
A.5.2	是否有一个程序收集和利用遏制过程产生的数据	
A.5.3	供应商是否利用统计方法确认、遏制和解决问题	
A.6 建立有效的质量路径图		
A.6.1	供应商是否有一个质量改善计划	
A.7 体系对产品保证的支持		
A.7.1	供应商是否有一个有效的内部过程解决问题	
B. 业务系统		
B.1 实施精益生产系统		
B.1.1	是否在工厂现场推行 5S 现场管理法 [现代企业管理模式，5S 即整理（Seiri）、整顿（Seiton）、清扫（Seiso）、清洁（Seiketsu）、素养（Shitsuke）]	
B.1.2	是否有证据反映可视化管理作为一种方法被运用在工厂以控制和简化工作过程	
B.1.3	供应商是否通过持续改进的过程优化材料、生产劳力和经常开支	
B.1.4	供应商是否在尽可能的地方利用物流	

（续表）

B.2 支持及时供货原则		
B.2.1	供应商是否理解看板	
	看板是否在现场被利用	
B.2.2	标准化工作是否作为一种方法对工作过程文件化以便提高质量、效率和安全性	
B.2.3	生产过程中是否利用全员进行维护、保养	
B.2.4	快速换线是否被利用和测算	
B.3 满足成本降低准则		
B.3.1	供应商是否和客户参与成本降低的项目	
C. 材料系统		
C.1 发布管理系统		
C.1.1	供应商是否有一个系统进行合同评审和客户对口	
C.1.2	供应商是否有一个系统能反映客户要求，并且是灵活多变及最少人力介入的	
C.2 电子数据管理		
C.2.1	供应商是否有一个程序允许和其分供应商进行预测数据等电子数据的交换	
C.3 材料管理		
C.3.1	供应商对其物流是否有一个管理组织结构	
C.3.2	供应商是否有体系确保100%交货	
C.3.3	供应商是否有其以及分供应商业绩报告系统	
C.3.4	对交货问题是否跟踪并且采取适当的整改措施和预防措施	
C.3.5	供应商是否有一个程序确认所有库存（原材料、在制品、成品）	
C.3.6	供应商是否有一个程序确保已计划的材料被接收和发送	
C.3.7	供应商是否对运输有程序进行管理	
C.3.8	供应商是否有系统控制库存	
C.3.9	供应商是否维护对原材料、在制品、成品的记录	

（续表）

	D. 工程系统	
D.1 产品数据管理系统		
D.1.1	供应商是否对所有的产品数据和文本控制进行管理。例如，图纸、FMEA（失效模式与影响分析，即"潜在失效模式及后果分析"）等	
D.1.2	供应商对于工装、零件递交、库存管理、样件生产等工程设计更改，是否采取适当的电子工具	
D.2 理解产品特性		
D.2.1	供应商是否理解汽车行业的标准和规范，并将这些信息运用在产品设计中	
D.2.2	供应商是否有材料和产品测试能力以确保其与材料标准、法规和规范要求的一致性	
D.3 创新		
D.3.1	供应商是否有一个程序发展和实施创新	
D.4 样件		
D.4.1	供应商是否有一个程序开发样件	
	E. 领导能力	
E.1 安全与健康		
E.1.1	供应商是否有一个有效的安全和健康计划	
E.1.2	供应商是否对安全事故率进行统计和利用	
E.1.3	是否建立一个审核过程确保与文件一致	
E.2 客户接口系统		
E.2.1	供应商是否按照已建立的时间表去访问客户	
E.3 战略计划		
E.3.1	战略计划是否包括一个至少 5 年的销售和增长计划	
E.3.2	供应商战略计划是否能指导运行计划	
E.3.3	是否理解和协调活动小组供应商的战略计划和运行计划	

（续表）

E.4　运行计划		
E.4.1	供应商是否有一个系统支持客户的要求	
E.4.2	是否有对战略计划中的目标进行常规评审的矩阵表	
E.5　ISO9000/QS9000/VDA/ISO/TS16949		
E.5.1	供应商是否按照计划开展内审并且列出问题	
E.6　培训和发展计划		
E.6.1	供应商是否有一个包括各个层次及其核心能力的培训矩阵清单	
E.6.2	供应商是否有一个有效的培训和开发系统	
	对企业员工的培训是否有明确的、定性的要求	
E.7　供应商基本管理技巧		
E.7.1	供应商是否对其分承包方表现确定衡量指标	
E.7.2	是否有一个问题解决程序被开发和维护，以便管理、遏制和防止供应商的问题	
E.7.3	供应商是否有一个程序评估和发展供应商的基础水平	
E.8　人力资源计划		
E.8.1	供应商是否有一个人力资源计划	
E.9　质量成本控制		
E.9.1	供应商是否有效地进行了质量成本控制	
E.10　环境管理系统		
E.10.1	供应商是否有环境管理、再循环管理、废物管理、危险材料管理系统	
E.11　项目管理系统		
E.11.1	供应商是否有一个已定义的项目管理系统	